아이의 창의력을 쑥쑥 키워주는
원우맘의
놀이공작교실

Http://cafe.naver.com/geahwa73.cafe

구지구지 요거 제가 1등인 거 같은데요~ ^^ 출판하시는 것 먼저 축하드리구요. 항상 잘 보고 있습니다. **유니맘** 와~~ 대단하세요.. 그리고 출판 추카드려요. **사드오닉스** 두 번째 출판이신가 봐요~~정말 축하드려요~~^^ **선민하** 저도 같이 축하드립니다.짝짝짝! **사랑은별거아냐** 축하해요~~ **그루터기** 좋은 책 기대됩니다. 축하드려요 ^^ **로뎀나무** 작은 소품 하나도 섬세하게 만들어 아름다운 공간을 채워나가는 예소가 좋아요*^^* 만드는 방법까지...정말 좋아요~~ 좋은책 만들어 더 많은 공예인들에게 도움이 되는 귀한 책 되세요~~축하해요 **Tomato** 출판 축하드려요 ~^0^// **체리** 출판 축하드립니다.좋은 정보가 가득 담긴 책을 출판하게 되신것을 진심으로 축하드리구요..많은 가족 여러분들에게 도움이 되었으면 좋겠네요 **하눌아잉** ^^준비하시던 2탄인가요? 원우랑 재훈이 키우시느라 힘드실 텐데 시간내서 책도 만드시고 대단하신 것 같아요. 축하드리고요 앞으로도 좋은 카페, 좋은 책 만들어주세요~ **그린플룻** 멀리 시드니에서도 출판을 축하드립니다!^^ 한국 나가게 되면 볼 수 있나요? 12월에 나간답니다! **비즈의 여왕** 우와 추카드려요 **예소만** 무지무지 추카드려요~! 책 출판하신 거 추카드립니다~!!! 바쁘실 텐데 언제 하셨나요?? 다시 한번 축하드리고요 앞으로도 좋은 카페 만들어 주세요 감사합니다*^^* **zxb487** 왜!책이 출판된다니 기쁜데요?^^축하드려요~ **페퍼민트** 책이 출판된 거 축하드려요~ 우리모두 다같이 축하드립시다~ 짝짝짝!! ^^* **love린** 와우~!! 축하드립니다. 열심히 할게요. 예쁜소품만들기 팟팅~!! **이도럴** 와~정말 대단하세요.책도 출판하시고 말예요.ㅋㅋ책 출판을 축하드립니다.^_^ **suL** 출판 축하드려요~ 앞으로 더 좋은 책들이 많이 나왔으면 좋겠네요^-^ **풋** 와@요번에 나오는군요!!기대되네요^^ 네이버 예쁜소품만들기 카페 Fighting!!!!! **꼬로록** 우와~! 정말 멋지세요! 출판 축하드리구요!! 저도 앞으로 열심히 활동하겠습니당~^^ **둔탱씨** 출판 축하드려요~ 책 꼭 살께요~ 너무 좋은 것 같아요' **우동이S2** 출판 축하드려요!!! **혼자놀기** 출판 축하드려요 ㅎㅎ 아무래도 많은 노하우가 들어있을 것 같아요. 책 쓰시느라고 수고도 많이 하셨어요!!! **블루 윙** 축하드려요~ 책 쓰시느라 수고 많이 하셨어요 꼭!! 살께요 **나르샤** 좋은 내용의 책~ 출판 축하드려요~ 화이팅!! **choi7** 좋은 책 만드시네요! 화이팅하세용!^-^ **크리미** 추카추카^^ 궁금해요..빨리 보고 싶어져^^ **바다0412** ^^추카추카^^기다리던 책이네요~ 빨리 만나보고 싶어요~ 수고 많이 하셨어요!^_^ **고양이** 출판 ㅊㅋㅋㅋ^^* 빨리 보고 싶네여 **Ms엘자** 예소 덕분에 많은 정보를 얻곤 했는데 이렇게 책으로 나온다니 다시 한번 반갑지 않을 수가 없네요ㅎㅎ 기대하고 있습니다★ **지니마미** 아이가 커갈수록 같이 할 수 있는 게 늘어나서 좋은 것 같아요.. 좋은 정보 부탁드려요... 원우재훈맘 홧팅~! *^^* **경연정연맘** 출판 축하 드리구요..책을 구입하고 싶은 맘은 있는데 형편이 좀 어려워서 미루고 있네요...정말 아이들 하고 만들기 하면 행복하겠네요 수고하세여 **진나윰** 좋은 책 출판 축하드리고요~나름 기대가 되요.. 경제적 여유가..아쉽지만 그래도 기대는 하고 있을게요~화이팅!!앞으로도 좋은 책 부탁드려요~) 〈 **수니** 역시....멋진 작업하셨군요..아이들과 함께 만드는 예쁜소품만들기 기대되는군요..대박예감^^ 축하드려요 **아이스크림** 축하해요~!! 좋은 책 부탁드리구요~! 빨리 보고 싶어요~!!!! **컴플리션** 우와~~너무너무 좋아요. 정말 기대했던 소식이네요~꼭 사서 볼께요~^^ **정진하** 바쁜 와중에 벌써 두번째 책을 출간하시네요..넘넘축하드려요 ♥ **S꽃분** 항상 좋은 정보를 알려주셨는데 책으로도 발행한다니 축하드려요!! 책 많이 팔리길 바랄께요♥ **끝까지해** 항상 좋은 정보 많이 얻어서 고맙습니다~ 그리고 두번째 책 출판을 축하드려요~^^* **짜증이 왜!!** 출판 축하드려요^^ **체리** 좋은 정보를 많이 주셔서 감사합니다~ 그리고 두번째 책 출판 축하해요 **ixi초이ixi** 와우! 두번째 책 출판을 추카 드려요!!작은 월간지에서 보구 인연이 되어 많은 정보를 보고 배워 내집이 예쁘게 변화할 수 있었던 주인공인데 모르고 있었던 첫번의 책 출판에 이어 두번째 출판을 앞두고 있다니 제가 더 기쁘네요.나날이 발전하시어 3탄 4탄의 책도 출판 하시길 기원해 봅니다. 아이랑 함께 만드는 예쁜소품만들기 정말 소중한 책이 될거 같네요. **자칭왕비** 저도 축하드려요 무지무지 행복하세요 **secret girl** ㅎ 예소가 새로운 발걸음을 했네요^^ 꼭!!!! 잘 만드시구요, 기대할께요^^ **썸틱** 출판 축하드립뉘다! **행운이** 출판 축하드립니다. 예소에서 많이 도움 받고 있습니다.... 앞으로도 마니마니 발간했으면 좋겠습니다. 좋은하루 되세요 ^^* **비공개** 책 출판하신 거 축하드립니다..오늘 한글날이네요. 그런 기념으로 댓글 하나 달아주는센스!! 좋은하루되세요 ~~ **김상희** 볼거리에 배울점까지 가득한 예소에서 책이 출간되는군요~! ^__^ 예쁜책 출판 축하드리고 꾸준히 번창하시길 바랍니다. 예소 파이팅!! **현시** 저도 책 출판 하신 거 축하드려요~오늘 가입했는데 좋은 소식이었네요!! **스마일0202** 책 출판 하신거 축하드려요^ 책 사서 많은 정보를 알아야 되겠어요~ **바이타민** 축하축하~ 축하합니다. ^^ 한국에 나가면 얼른 사야겠네요~^^ 요긴 그런 책이 무지 귀해요. 제가 다 뿌려볼께요. ㅋㅋ 축하합니당 **ddongsun52** 지혜로운 아내 멋진 엄마 알뜰한 내가 되려고 자주 들리는 곳입니다. 계속 행복을 위해 번창하세요^^ **O하늘O** 출판 축하드립니다 ^^ 기대되네요~ 화이팅!! **산울림** 두번째 책 출판 축하 드리고요 ^^아이랑 함께만드는 소품이라....많이 기다려지네요 **덜익은꽁치구이** 축하해요~~ **프시케** 까페 가입하고 나서 정말 방대한 자료에 깜짝 놀라고 점점 발전되는 모습을 지켜보고 있어요. 예쁜 아가가 생기면 꼬옥~ 만들어주고 싶은 소품들이 있는 책! 기대하겠습니다 **뚜이** 출판 축하드려요~~~ 많이 기대가 되네요~ **소년콩군** 이번에는 아이들과 함께하는 예쁜소품만들기라니! 정말 대단합니다!! 축하합니다♥♥♥ **ONEDAY** 책 출판하신 거 축하드려요~기대되네요 **꼼지락** 책 출판을 진심으로 축하드립니다. 바빠도 꼭 저녁에 들려야 왠지 잠이 잘 오는 카페입니다. 이번 책도 대박나시길 기원합니다. **예쁜 나연** 와 책 출판~ 기대가 되요~~!!! **수진쌤** 학교에서 반 아이들을 가르칠 때 "재량수업"에서 예쁜 소품 만들기 카페를 잘 이용하고 있어요. 아이들과 함께 만들 수 있는 수준의 작품만 따로 모아서 책으로 만든다니 학교 도서로도 구입하면 좋겠어요.^^ **우쮸쮸3** 출판 진심으로 축하드려요^^ 이 카페 가입 정말 잘했다는 생각을 자주해요^^ 오늘은 무슨 게시글이 올라왔을까 하고 들어오거든요 굳이 아이디를 치고 말이죠. 앞으로도 많은 활동을 하겠습니다^^감사합니다^^ **꼼공주** 오!! 책 출판 축하드리고 대박나세요 ^^매우 기대가 되네요. ♥ **냥이** 와 정말 대단하세요 두번째 출판이신가요??)ㅅ< 출판 축하드려요 진심으로 기대돼요~!)○< **비즈걸** 출판 축하해요 **홀딱 벗어버린 기린냥** 두번째 출판이세요? 축하드려요~ **종이** 우와~ 원우맘 님은 카페도 운영잘하시고 책도 만드세요? 도대체 무얼 하시기에.. 원우맘님 카페 운영 하는 비법 좀 전수 해주세요~ 예쁜소품 만들기 카페 화이팅~!! **윤사사** 책 출판을 축하드립니다. 이번에도 또 구입해야겠어요! 정말 기대 됩니다. 이번에도 대박나길 바랍니다 :) 파이팅! **달콤둥이** 두번째 책. 완전 기대되고! 빨리 출판될 바라구여! 비법 전수 많이 해주세용~ 첫번째 책. 잘 보구 실습? 해보구 있습니다.. 완전 축하 추카! 드려여! **BIG BANG** 완전 기대 되여 출판 ㅊㅋ드려여 **4차원소녀** 우왕~ 멋진대요~? 정말정말 축하드려요^^ **불량팬더** 두번째 책이군요. 음.. 빨리 출판하시구요!!!!! 정말 기대되네요!!!!! 예소(예쁜소품)만들기카페 덕분에! 엄마, 동생, 아빠 등 모든 가족 생일선물 부담없이 만들어 드리네요!! 책 출판되면 바로 살게요!!!!!!!!! **콩** 1탄을 봤는데 재미있고 유익 했었어요~! ~ 예쁜소품만들기 2탄(아이들과만드는...)이라니...기대가되는데요? 책 출판을 축하드려요!^^ **뱅스살앙** 책 출판을 진심으로 축하드립당~! **귀염공주** 기대되네요~ 예소 화이팅입니다~ **꿀통눈** 출판 축하드려요 *^^* 벌써 두번째 출판이시네요^^ 책 나오면 얼른 가서 사야할 것 같아요~!! **누네인데요** 출판 축하드립니다_!!!!!!!!! 책 나오면 바로 사야겠다능...뉍뉍뉍뉍...((**s남도일s** 출판 축하드려요^^ **ice prince** 두번째 책인가요? 출판 축하드려요~ 돈 모아서 살까 고민중 ㅡ.ㅡ **모란이** 두번째 책 출판 정말 축하드려요~!! 책 꼭 볼 거고요, 새로운 책이 더 만들어졌음 좋겠어요~!! ^^ 그리고 예소 홧팅~!!! **아련** 아이들과 함께 만드는 예쁜 소품만들기!!!! 두번째 출판을 축하드립니다~★★★ **바다별** ㅎㅎ 첫번째 책도 너무너무 이쁜거 많구 쉽게 잘 설명이 되 있어서 깜짝~!! 놀랐었는데 두번째로 또 나온다고 하니까 너무너무 기대 되네요~)<ㅎㅎ 저도 돈 모아서 책 사서 울 동생이랑 같이 만들어봐야겠어요~ ㅎㅎ 출판 축하드립니다~!!짝짝짝~!!*^^* **지지뽕** 진심으로 축하드려요~ 정말 대단하신 일 하셨어요!!! 책으로 나오면 꼭 사서 보고 싶네요♡ **귤이** 두번째 출판 축하드립니다!!!! 아이들과 만드는 것이라 아이들과 함께 만들 수 있어서 좋군요 ^^ **희워니** 축하드려요!! 아이들과 함께 예쁜 걸 만드는 것이 저의 이상향이라서 정말 부럽네여*^^* **정우민준맘** 와~^^출판 축하드려요 **ROY** 출판 축하드려요~~ ㅋㅋ 예쁜소품 만들기 화이팅! 행운을 빕니당~ 그리구 두번째 책 출판 축하드려요~ **행운** 꺄아~꼭 볼 거예요!! **유땡이** 2번째 출판 축하드리고 저 꼭 볼께염! 엄마랑 만들어 봐야지~ **수연맘** 두번째 책 출판 정말 너무너무 축하드려요~ 아이와 함께 하는 예쁜 소품~!! 책 나오면 바로 질러버릴꺼랍니다~!^^ **우기** 두번째 책이 나오는군요.. 너무 너무 축하 드려요.. 나오면 바로 서점으로 고고씽..대박나세용 **육자** 또책이나왔네요~축하드리구여~ 화이팅... 저 카페활동 열심히 할께요/.. ㅋㅋ **찌뉴** 출판하신다니.. 축하드려요~~ 기대되네요..^^ 꼭 대박나시길 빌어요^^ **초딩리본** 2번째 출판 짱이에요 저 꼭 사면 엄마랑 만들거예요 ㅎㅎ **초딩리본** 제 덧글도 실어주실 거죠?? **끼끼룽** 두번째 출판이라니....정말 좋은 거네요?! 제가 카페에 들어와서는 저한테는 첫번째거든요~!^^ 전 그럼 꼭 사서 볼게요~^^기대하겠습니다~ **ROMEO** 와!!2번째책을 쓰시네요 저두 1권 아주 잘 보고 있어요^^ 축하드려요!! **꼬마지민** 와~ 축하드려요 !^^ 1권도 내셨나요..? 책 제목 좀 알려주세요~ 사서 읽어보려구요~ ^^.. 정말 대단하세요~ 책을 어떻게 내실 생각을 하셨는지.. ^^ 출판하는 즉시 알려주세요~ 바로 읽어서 볼께요! ^^. **마시멜로** 와우 103등이네요~! 축하드려요 **옆집소녀** 1권의 내용도 너무 좋았는데 2권도 역시 좋을 것이라고 생각되어요.. 축하드려요..^^ **펌킨** 나~ 성애..^^ 출판 축하해....축하축하......자랑스럽다.....^^ **플로렌스** 출판 축하드려요^^ 첫번째 책을 보고 이끌려 이곳에 온지 얼마되지 않았는데 벌써 두번째 출판을 하신다니.. 기대되네요~ **닭살공주** 정말 축하드려요~~~ 기대되네요. 좋은 책 기대할게요^^* **허니** 정말 너무나 축하드려요~ 이번에두 꼭 사서 볼께용~*^^* **레몬민트** 두번째 책 출판하시는 것 정말 축하드립니다..^^ **고장난** 와~!!1 2번째 너무 축하드려요~! 2권에 담긴 내용 꼭 만들어 보고 싶네요~! **BYEOL** 예소 2번째 책 발간 축하드리구요~ 예소 되게 많이 도움되요*^^* **초딩체리아이스쿠림** 저두 두번째 판 꼭 살래요!!! 아!!!출판 축하드려요! **뽈글이** 책 출판 축하드려요^^ **알렵** 저는 카페에 온지 많이 안되서 잘 모르겠는데~ 출판 정말 축하 드리고요 벌써 2번째라니 정말 대단하세요^^ 앞으로 이 카페의 발전 기대하구요 우리 모두 열심히 활동해서 이 카페를 많이 발전 시켜요 **감지기** 출판 ㅊㅋㅊㅋ)드려요 **괴력이** 도서관에서 봤는데 아주 비싸긴 하지만 넘 재미써 **소유향** 두번째 출간 진심으로 축하드려요~~~~~ **시애** 출판 정말 축하드리구요 ^^ 앞으로도 유익한 예소가 될 기대할게요~ **예사육사** 책 출판 완전 축하드려용~~ **이삭** 오늘 가입했어요 가입 기념으로 이뱅에 당첨 되기도 합니다 ^^ 좋은 책 꼭 만드시길 빕니다 **스타일쟁이** 와~완전 추카드려요... 저두 넘 궁금하네요~^^* **초코바나나** 두번째 책 축하 드려요~~^^ 책 나오면 꼭 사서 볼게 **블루걸** 좋은 정보들 많이 담길 것 같네요*^^* **난ㄷㅔㅎ** 아이랑 같이 할 수 있는 책이라 더 좋은 거 같은데용~ 축하드려요~^^ 대박 나시길 빌께요ㅎㅎ **온냥** 출판이 된 1번째 책은 몰랐지만...2번째 책이 출판이 된거 축하드리구요 그 책을 보는 모든 분들이 재미있어 할거 같구요 그리고

실력이 다들 늘겠지요? 어쨌든 화이팅!!! **한 겨울** 앞으로도 잘되시길 바래요~ 책 잘보고 있습니다~ **에롱** 벌써 두번째 출판이시군요!! 출판 축하드립니다~!! 정말 기대되는군요^^ 예쁜소품만들기 앞으로 많은 발전 기대하며 예소 화이팅!! **Share** 책이 이쁘게 나왔으면 좋겠네요ㅎ **쟈스민** 축합니다 ^^ 아이들과 함께하는 예소책은 과연 어떨지 기대 많이 되구요 넘넘 축하해요).< **희망** 와우~~ 책 출판 정말 축하 드려요. 저도 1권 침대 옆에 두고 잘 보고 있어요. 넘 예쁜 예소의 책~~ 가끔 어린이집에 들고 가면 우리 원장님께서 더 좋아라~~ 하신 다니깐요. 언젠가 3일 동안 책을 안주시길래 여쭈어 보니" 자갸~~ 나 7개나 만들었어~~" 하고 말씀 하신 원장님-_-; 저 보고는 빨리 환경정리 하라고 구박 하시고...큼~^.-; 책을 줘야 꾸미던 말든 하지...ㅋ 아무튼 넘 축하합니다~♡ 알랍 예소~♡ **휘월** 좋은 내용 기대할게요! **꿈꿈이** 출판 축하드려요♡0♡ 기대 하구요~ 빨리 보구 싶네요^^ **온유** 우왕~ 아이들이랑 만드는거면 체험 위주겠네요~~ 재밌겠다~ **하은하진** 앙~~~~ 너무 너무 추카드려요.. 얼렁 보고싶땅...이번에도 사야징~~~~~~ **일기일회** 아이랑 함께 만드는 예쁜소품만들기 2번째 출판 축하드립니다. 출판되면 조카랑 함께 만들어볼까 해요...정말 축하드려요 **MINK** 정말 축하드려요. 아이들과 함께 만들면서 좋아하는 것을 보면 뿌듯해져요. 좋은 내용 기대해봅니다. **딸기쪼아** 2번째 책!! 대박나시길~!! **별냥이** 1권도 잘보았는데 2권도 나온다니!정말 축하해요! 꼭 살께요 **품** 두번째 출판 축하드려요 이번에 꼭 사서 봐야겠어요 **용빠** 2번째 책 출판 축하드려요~!! **은 단비** 안녕하세요? **Jellygam** 예쁜소품만들기 두번째 책 출판드립니다^^짝짝짝! **희동이** 1권 잘 보고 있어요^^* 2번째 책이 기대되네요^^* **류세이** 와~ 출판 축하드려요~~).< 좋은책 많이 만드시구 대박 나세요!!!ㅋㅋㅋㅋㅋ **텔레토비** 축하드려요~ 2번째 책 꼭 볼께요~ **25콩알쭈니** 와우~ 출판 넘넘 축하드리구요~ 저두 꼭 사서 울 아들 크면 함께 만들어 볼께요^^* **똥이네** 와우..축하드려요. 두번째 책이라니 ..부끄럽게도 첫번째 책을 냈다는 것도 몰랐네요. 당장 찾아봐야겠어요. 축하드려요. 책을 통해 만드는 재미를 많은 사람들이 느꼈으면 좋겠어요 **행복만땅** 2번째 아이랑 함께 만드는 예쁜 소품 만들기 책자를 만드시다니...축하드려요. 아이를 사랑하는 엄마이기에 아이랑 함께 만드는 예쁜 소품도 사랑스러울 거라 생각됩니다. 2번째 대박나길 빌께요... 다시 한번 축하드립니다...원우맘!!! 화이팅!!! **사근사근** ^0^우와..멋진데요.행운의 예소인이라~ 음..).< **블비야** 우와.....나오면 꼭 보고싶어요 축하드립니다. **에취** 출간되면 얼른 구입해야겠네요.예쁜 소품 많았으면 좋겠네요^^ **레인보우날개** 2번째 책 역시 좋은 내용이겠죠? 기대가 되네요 ^^ 출판 축하드려요 ^^ **NaNa** 와~ 정말요? 꼭 읽어야겠어요! 원우맘님 짱짱! **꾸미네** 나날이 발전하는 모습에 너무 기쁘고 축하드립니다. 앞으로도 많은 도움부탁드려요!! 함께할 수 있어 너무 행복해요~~ **체리** 예소 덕에 솜씨있는 엄마 소리 듣고있어요^^ 출판 추카추카!!! **상큼녀** 캬핫^^ 출판 ㅊㅋ드려효^^ 저두 주세요 ㅋㅋ **알프아찌** 책 한권을 내는 일은 정말 많은 노력이 들어가는 일입니다. 그런 일을 두번씩이나 하다니 정말 놀라울 따름입니다. 카페도 많이 발전되고 책도 많이 팔려서 사람들에게 도움이 되었으면 좋겠습니다. 축하합니다. **바다** 여기서 예쁜 자료들 보면서 아이들과 만들어 보고 싶은게 많았어요. 빨리 나왔으면 좋겠네요. 기대할께요. **희짱** 카페를 통해 예쁘고 좋은 정보 많이 얻고 있어요. 예쁜소품만들기가 두번째 책을 출판한다니 너무 축하드려요 ^_^* 알찬 정보가 가득한 예소 아자아자 홧팅!♡ **숨이** 와우~~너무너무 추카드리고 멋져요?? 결혼해서 아가를 낳으면 꼭 같이 만들어 볼께요~~^^ **수선화여인** 축하 드립니다. 아이랑 항상 같이 보고있습니다. **장미구두** 출판 축하드려요~ **아이스크림** 우왕~너무너무 축하 드려여~그 책 출판되면 저도 꼭 살께요!!!ㅎㅎ **테디** 우와~ 축하해요 출간되면 바로 구입할게요. **가은예뻐** 너무너무 이쁜 자료들이 있는 예소카페 ㅋㅋ **가은예뻐** 글구 추카추카 해여~♥ **미코엘** 또 책이 나왔네요!!축하드려요!! 책 나오면 후딱 지르러 가야겠습니다!!예쁜소품 만들기 화이팅! **달빛안에** 축하드려요~ 좋겠는데요? 서점 내일가는데 있으면 꼭 사봐야겠어요 ^^ **해피디자이너** 추카추카~!! **미야** 2번째출판축하해요~!! 기대되네요~ 대박나세요~ **making girl** 두번째....저는 첫번째를 못봐서 ...; 아무튼 축하드리구요 서점으로 가서 바로!! 사구,,,만들어 볼꺼에요 . ㅎㅎ **kiwis** 와!멋지네요^^ 출판 정말 축하드려요~ 기대할게요~! **금비화림** 좋은 교육자료가 되길바랍니다 고생많이하셨고 축하드립니다 **행복** 저도 용심이 나네요~~..축하드리고 감사 감사 **사파이어** 정말 축하드려요..; 지금처럼 꾸준히 많은 회원님들과 함께 좋은 인연 이어가길 바래요...다시 한번 두번째의 출판을 축하드려요 **리본** 출판 축하드리고요~ 앞으로도 예쁜소품만들기 화이팅입니다!!^^ 이 카페에 예쁘고 좋은 만들기가 많이 있네요~ 잘 활용하겠습니다~!!! **희범이** 2번째 출판 축하드려요 ^^ 예소 때문에 주위 사람들께 기쁨을 선물할 수 있어서 너무나 즐겁습니다! 대박나시길. **리본핀** 우와~! 두번째 출판이세요?! 정말 축하드려요!!예쁜 책이 될꺼 같네염^) (**예닮** 와~! 올만에 들어왔는데,, 책 출판 하셨네요?.. 축하드려요,, ^^ 기대할께요~, 대박 나시길.. ♥ **블랙꼬꼬마** 와~제가 들어가 있는 카페가 이런 큰 카페는 없어요!정말 대단하시네요^^책을 출판하시면 빨리 사서 읽어봐야겠어요^^열심히 책 만들어주세요!예소 화이팅~ **비투더아투더** 와와! 책 출판 축하드려요 ^^ 책 나오면 바로 지르러 고고씨잉!꺅^^* **그래나쵸딩** 책을 만드실려면 힘드신데... 대단하고 2번째책 너무 축하드려요^^ **devia** 벌써 두번째로 책을 출판하시네요 ^_^ 첫번째 책으로 제가 이 카페를 알게됐는데... 두번째 책도 저같은 사람이 많길빌게요~ **새싹a** 와웅.. 2편 책이 나왔꾼요. 전 충청북도라서 ^ 감곡 서점 같은 데는 안 팔린답니다..! 이 책 사고시픔. 이 책 보시는 분 복철철 넘치는 거임 ㅏ **E뿐 소녀** 좋은 책 마니마니 기대할게요~! 원우맘이시라면 엄청난 책을 출판해 낼 것이라는 것을 믿습니다~! **백지여우** 예소의 이름이 날로 퍼져가는군요 저도 첫번째 책 사서 잘 보고 있어요 아이랑 함께하는 책이라니 벌써부터 무척이나 기대가 됩니다 아이와 함께 뭔가를 할 때면 피

곤함이 가시기도 하죠 내일도 아이와 함께 몇가지 만들어 보려고 들어와 보았는데 이런 행운을 함께 만나네요^^ 아주 큰 기대할게요 **그린나래** 예소책 기대되네요~ 출판 축하드려요^^ **SMILE** 우와~~ 행운의 주인공은 누구일까나?? **도연맘** 축하해요~ 두번째 예소도 구입해서 아이들과 즐거운 시간 보내고 싶어요~ *^^* **땡땡이리본** 1권 책 제목 좀 알려주세요 사서 읽고 싶어요 2권도 살거예요 **코코** 항상 예소에서 많은 도움받아서 너무 좋아요~ 앞으로도 더 좋은 예소가 될 수 있도록 응원하겠습니다!! **라떼lls** 가입한지 얼마 안돼서 잘모르는데 책 출판 축하드립니다 ^ ^ **6011angel** 두번째 책을 쓰시네요. 우선 넘 축하드립니다. 두번째 책도 많은 분들의 성원이 있으시기를 기도 합니다. **웃는거야** 두번째 출판 축하해요! 기대되네요~ 이번엔 책 나오면 꼭 볼게요^^ 앞으로도 파이팅입니다!! **미라미트** 출판 추카드립니다^^대단합니다 ㅎㅎ **블루 윙** 축하드려요 너무 유익한 책을 많이 만드시네요 **용화향도** 정말 대단하시군요! 출판을 하시다니 정말 축하드려요^^ **Photo green** 우와 넘 멋지겠네요.. 오늘 가입했는데 이 까페 넘 좋아요... 축하드리고 기대할께요..!! **양파** 어떤 책인지 너무 궁금해지는데요.... 너무 너무 축하드리구요. 대박~~나길 바랄께요^^ **페퍼민트** 덧글 200개 돌파~!~ **으름** 저 책에도 제 덧글이 실렸는데~~ 이번에도 실릴 수 있는 행운이 왔으면 좋겠네요! 축하합니다!! 제 아이들과 만들 수 있는 책 꼭 보고 싶어요! 소장할 수 있는 기쁨을 갖고 싶어요. **쵸코베리** 해외진출(?) 축하드려요~~ 해외에도 큰 돌풍이 일기를 ~^^ **미래의디자이너** 우와~정말 대단하세요!! 벌써 2권의 책을 쓰시다니 정말 멋져요~^^그리고 축하드립니다~~+_+ **크로마롱** 저두 많이 와요 하는데....두번째 출판 축하드려요!!! **땡글이** 에구구 또 일내셨너... 원우맘님이 일 내실 때마다 설레이네요. 서점에서 예쁜 책 받아볼 생각에 벌써부터 기분이 좋네요. 울 애기랑 함께하는 만들기 감격이네요.*^^* **뉴** 항상 예쁜 소품이 많았던 예소! 축하드려요~ **림이** 출판 축하드려요!! 꼭 봐야겠네요~ㅎㅎ 다양한 정보 얻길 바래요~ **짱모** 와우~ 축하드려요. 좋은 책, 많은 정보 가득한 예소 홧팅!! **란스** 두번째 출판 정말 축하드립니다! 나오면 꼭 사서 봐야겠네요 ㅎㅎ **hyj4160** 2번째 출판 정말 축하드려요^^ 저한테 아주 많이 도움이 되고 있어요~ **Happy한날만** 책은 못 사지만 그래도 언제나 1등만을 향해 나가는 예쁜소품!!! 친구들에게도 소개해주고 있어요/// 더욱 발전하길 간절히 소망해요/// **아네모네** 오랜만에 들렸더니..이런 방가운 소식이 있었네요~~~^^ 추카 드려요~.장수하세요~~~ 열씨미 배워서..울 아이들과 예쁜 소품 만들었음 좋겠네요... **Green Tea Iced** 책 출판 축하드려요~ 나오면 꼭 챙겨볼께요~ 책 대박나세요~ **태희엄마맹여사** 진짜 진짜 대단하세요 아이들과 같이 할 수 있는 소품 만들기라.. 정말 좋은 거 같아요 책 나오면 꼭 사서 울 태희랑 꼭 같이 만들어봐겠어여 ㅎㅎ 두번째 출판 진짜 진심으로 축하드려용 **어쭈구리** 축하드려용 소품에 대한 매력을 몰랐는데 하나하나 하다보면 카페 덕분에 소품의 매력에 퐁퐁 빠진답니다. **여 린 손** 이 까페 덕에 리폼의 진정한 맛(?)을 알게 되었어요~ 암튼 감사합니다 책 나오면 애들이랑 꼭 만들어 봐야겠어요 **fjfjee** 짝짝짝~~~축하 드려요!! 울 쌍둥이들 만드는거 넘 좋아하는데 꼭 사서 봐야 겠네요^^ **긴양말속치킨** 축하드려용!! 기대할께요 **행복한안언니** 모든 소품이 영혼을 얻는 그날까지 화이팅♡ **카라** 두번째 출판 축하드려요~~좋은책 만들어주세요~*^^* **행복한 아이** 늦었지만 출판 축하드립니다~ **z송아z** 일단 너무 축하드려요~! 기회가 되면 꼭 책 읽을께요^^ 언제나 이쁜 소품 만드는 예쁜소품만들기♡ 화이팅☆ **비밀** 2번째 출판 정말 축하드려요~~~!! 기대할게요〉〈 **헬롱** 우와우와우와 학교 도서관에 꼭 들어왔음 좋겠어요~저번 책도 학교에서 봤거든요 ㅋ 꼭 보겠습니다 **글라라** 정말 축하드려요^^ 기대할께요~! **그대 내게 오는 날** 축하드려요~ **농토리** 축하드립니당~ 기대 할께요 ♥〉〈 **고미** 오훗~드뎌 2번째 책이 나오네요! 이 책 나오면 서점으로 다다다다~달려가서 사야겠어용!! 책 많이 파셔서 꼭! 대박나세요^^* **ghkrlehd** 축하드려욧! 기대하겠습니다~~ **재돌라** 축하드려요~ **매직완드** 우와 출판 축하드려요 왠지 멋지네요 ^^ **밍쿠** 와우~ 축카축카~ 항상 출첵만 하지만 다 보고 있어요!! **소ㄴㅕ** 축하드려욧 ㅎㅎ 저두 한번 사서 만들어봐야징~~★ **o리본사랑o** 축하드려욧!!!!전 1권을 보지를,,,,그래서 2권 볼까낭?생각~ **희야** 아..드디어 2번째 책을 쓰시는군요! 엄마와 아이가 함께 만들다니.. 생각만해도 재미있을 것 같아요! 날도 발전하는 우리카페..앞으로도 파이팅^^ **수정** 어느새 두번째 책을....축하드려요....벌써 기다려지는데요..내용도 무지 궁금...^^ **얼룩소** 2번째 책을 만드시나보네요^^만약에 기회가 되면 꼭 사다볼께요!!축하드려요~ **울음공주** 추카추카^^ ~~!! **똥뚜루루** 예소를 알고 실력있는 것은 알고 있었지만 계속 자기 계발하시는 원우맘님 멋집니다...항상 발전하는 모습 최고입니다.. 2권 발매 축하드려요... **가을향기** 책 출판 축하드립니다// 이게 두번째인가요?ㅎㅎ 더쨌든 대박나세요// **사람** 이거 쓰는게 더 힘들듯...어쨌든 힘내서 하세여~~~ **햇로얀** 출판 축하드려요 ^.^ **리본공주** 저두 1권 보구 있는데 너무 도움이 되었거든요~ 근데 또 만드신다구 하니 기대하구 축하드릴게요^^ **꼬맹이스머프** 우와:) 예쁜 소품 너무 좋아요 :) **아오조라** 책을 출판하시고..대단합니다!!라고 하는 척 하면서! 대박 나세요~ **광현앎이** 이쁘네요 ~ 엄마랑 만들어봐 겠어요 ^^ **뭉게구름** 와우~! 기대하겠습니당~~ **강민맘** 2번째 출판을 축하드리며...댓글 함 남겨봅니다. **될데** 책이 출판되네요^^ 이번 책도 꼭 사서 볼께요- **캐모마일** 두번째 책 출판 축하드립니당~ 덕분에 아이와 함께 즐거운 시간을 보내는 날들이 많아질것 같네요. 두근두근 기다려집니다~^^ 아이와 함께 만들어질 예쁜 소품들은 어떤 작품일까 상상해 봅니다. 엄마와 함께 만들어 더 소중하고 아끼는 소품이 되겠죠?^^

Http://cafe.naver.com/geahwa73.cafe

아이의 창의력을 쑥쑥 키워주는
원우맘의
놀이공작교실

오계화 지음

Book
magazine&publishing

책 머리에

멋진 작품을 완성하는 것보다 함께 즐기며 노는 과정이 중요해요

미술대학을 졸업하면서 시작한 아이들 미술지도가 어느덧 13년이 되었네요. 이전에 『예쁜 소품 만들기』 책을 작업할 때도 즐거웠지만, 이번에 『아이의 창의력을 쑥쑥 키워주는 원우맘의 놀이공작교실』을 작업할 때는 사랑스러운 아이들과 함께하게 되어 제 개인적으로는 너무나 즐겁고 뜻 깊은 시간이었답니다.

아이들과 함께 공예놀이를 하다 보면 배울 게 참 많습니다. 아이들은 어른들이 미처 생각지 못하는 독창적인 아이디어와 번뜩이는 재치를 갖고 있거든요. 이번 작업에는 15명의 아이들이 참여했는데, 디자인을 구상하고 만들기를 해나가는 과정에서 아이들이 제게 많은 힌트를 주었답니다. 어떻게 이런 생각을 했을까, 어쩜 이렇게 귀엽게 표현했을까, 기특하고 감탄스러울 때가 한두 번이 아니었지요.

아이들은 작품을 보는 시야도 넓혀줍니다. 아직은 그림을 그리거나 색칠하는 게 서툴지만 삐뚤삐뚤 엉성하게 칠해진 아이들의 손맛이 얼마나 사랑스러운지……. 무엇보다 서툰 손놀림으로 그림을 그리고 색종이를 잘라서 하나하나 작품을 완성해가며 신기해하고 행복해하는 아이들을 보고 있으면 제가 더 행복해지곤 하더군요.

물론 아이들과 공예놀이를 하는 일이 부모님께는 다소 부담이 될 수도 있어요. 만들기에 흥미나 재주가 없는 분들도 있고, 여유롭게 아이들과 놀아줄 수 없을 만큼 바쁜 분들도 많으니까요. 하지만 한두 번의 경험만으로도 아이들은 너무나 큰 행복감을 느끼고, 심리적으로도 부모님과 한결 가깝게 느끼게 된답니다. 완성도 높은 멋진 작품을 만들려고 욕심 부리지만 않는다면 누구라도 부담 없이 만들기를 시작할 수 있답니다.

또 처음 미술을 시작하는 아이들에겐 부모님의 지도가 필수적이랍니다. 크레파스나 만들기 도구만 쥐어준다고 해서 아이들이 저절로 그림을 그리거나 공예를 할 수 있는 것은 아니거든요. 일례로, 경험이 없는 아이들은 작품을 망칠까 주저하거나 소극적으로 대하는 경향이 있답니다. 그림도 아주 작게 그리는 것이 보통이죠. 특히 대여섯 살짜리 아이들은 스케치북 한 면을 채우는 것도 버거워한답니다. 그러다 보니 커다란 스케치북에 작은 그림 몇 개 그리고는 꼼꼼하게 색칠하는 데 집중하게 되죠. 이렇게 하다보면 결국 손이 아파 아이가 그림 그리는 일 자체를 힘들어할 수도 있답니다.

미술을 지도하는 분들마다 각자의 노하우가 있겠지만, 저는 그림은 최대한 크게 그리게 하고 색칠은 자연스럽게 하도록 이끈답니다. 그리고는 물감으로 바탕색을 칠하게 하면 손쉽게 그림을 완성할 수 있거든요. 게다가 아이들은 물감놀이를 얼마나 좋아하는지 몰라요.

아이들에겐 이렇게 그리기나 만들기의 즐거움을 느끼게 해주는 것이 중요하답니다. 미술은 힘들게 완성해야 하는 과제가 아니라 그 과정 자체가 즐거운 놀이가 되어야 가치가 살아나는 법이거든요. 이렇게 미술의 즐거움을 알게 된 아이들은 스스로 자신의 흥미를 찾아가게 된답니다. 공예놀이를 하는 동안 자연스럽게 창의성이 길러지고 오감발달이 이루어지는 것이죠.

특히 손을 이용한 만들기는 아이들의 두뇌발달에 큰 영향을 미친답니다. 비싼 학원이나 과외도 좋겠지만, 부모님과 함께 놀며 자연스럽게 생각하는 법을 배우고 자신의 생각을 표현하는 법을 배운다면 이전보다 훨씬 자신감 있는 아이로 자라게 될 거예요. 잠깐 짬을 내어 아이와 함께 공예놀이를 하며 놀아주세요. 아이는 물론, 부모님께서도 생각지 못했던 행복감을 느끼게 될 거예요. 공예놀이는 행복입니다.

원우재훈맘 오계화

contents

PART 1
상상력에 날개를 달아주는
아이방 꾸미기

01 해면 스펀지를 이용한 벽화 16

02 펠트로 만드는 밸런스 20

plus item 펠트로 만든 어린이용 실내화 24

plus item 자투리 펠트로 만든 장식고리 25

03 우유팩으로 만든 어린이용 발판 26

plus item 엄마랑 함께 만드는 우유팩 의자 31

04 종이풍선으로 만든 장식용 기구 32

05 플라스틱 달걀판으로 만든 꽃 36

06 재활용 CD를 이용한 장식용 액자 40

plus item CD로 만든 스탠딩 시계 43

07 병풍 스타일 사계절 가리개 44

08 테이프 심을 이용한 연필꽂이 48

plus item 골판지로 만든 미니 선인장 52

plus item 골판지를 이용한 거울 꾸미기 54

PART 2

대인관계 틀을 잡아주는
생일파티 준비하기

09 케이크 그림으로 꾸민 생일파티 초대장 58

<u>plus item</u> 우리 아이 지문으로 만든 축하카드 61

10 우유팩으로 만든 심플한 선물상자 62

11 화장지 속심을 이용한 초간단 선물포장 66

<u>plus item</u> 화장지 속심으로 만든 망원경 69

12 특별한 분위기를 만들어주는 파티풍선 70

<u>plus item</u> 생각보다 만들기 쉬운 풍선 꽃 73

13 사랑스러운 느낌의 하트 모빌 74

14 달콤한 마음을 전하는 사탕목걸이 78

<u>plus item</u> 빨대를 활용해서 만든 사탕부케 81

PART 3

컬러감각을 키워주는
패션소품 만들기

15 손 염색으로 만든 예쁜 손수건 84

plus item 염색용 색종이를 활용한 초간단 염색 87

16 사랑스러운 하트가 있는 소품가방 88

17 달콤한 느낌의 펠트 핸드백 92

18 상자를 재활용한 깜찍이가방 96

19 가볍고 사랑스러운 종이접시 핸드백 100

plus item 종이접시로 만든 독특한 선캡 104

plus item 바다 풍경 담은 입체액자 105

20 보기만 해도 시원한 수박부채 106

21 지점토로 만든 액세서리 수납통 110

22 신비로운 느낌의 폴리머 클레이 목걸이 114

PART 4

감성지수 높여주는
크리스마스 즐기기

23 아크릴케이스로 만든 크리스마스트리 장식 **120**

plus item 그림을 그려 넣은 아크릴장식 **123**

24 종이컵으로 만든 크리스마스 장식 **124**

plus item 종이컵으로 만든 개구리 연필꽂이 **127**

25 펠트로 만드는 산타양말 **128**

26 쿠키를 이용한 크리스마스트리 장식 **132**

27 나뭇잎 접기를 이용한 크리스마스 리스 **136**

plus item 크리스마스 느낌의 장식용 촛대 **140**

28 수수깡으로 만든 크리스마스 리스 **142**

plus item 수수깡을 붙여 만든 양초받침 **145**

29 구슬 끼우기로 간단하게 만드는 발 **146**

30 파스텔 톤 그라데이션 양초 **150**

plus item 빈 참치캔을 활용한 생일양초 **153**

plus item 스승의 날 감사카드 **154**

plus item 부활절 달걀바구니 **157**

PART 5

창의력을 키우는 상자,
벽장식 만들기

31 손쉬운 스텐실과 스탬핑 기법으로 벽 꾸미기 160

32 종이접시 색깔을 활용한 입체 액자 164

plus item 마카로니로 장식한 핸디코트 액자 168

33 플레이콘으로 만든 액자 170

34 아이가 직접 만든 골판지 액자 174

35 골판지를 이용한 2단액자 178

36 골판지 감기로 만든 꽃액자 182

37 물감불기를 이용한 꽃나무액자 186

38 달걀판과 스티로폼 공을 이용한 달력 190

39 종이컵으로 만든 재활용 액자 194

PART 6

경제감각을 가르쳐주는
생활소품 만들기

40 쉽고 간단한 주름지 밸런스 198

41 타일을 활용한 손글씨 달력 202

42 지끈을 감아서 만드는 꽃병 206

43 자투리 골판지를 이용한 컵받침 210

plus item 골판지 꽃으로 만든 플로랄 모빌 213

44 CD와 종이접시로 만든 시계 214

45 재활용 종이상자로 만든 시계 218

plus item 와이어와 골판지로 만든 메모홀더 221

46 종이접시를 이용한 메모지함 222

47 아이들 솜씨로 꾸민 스위치 커버 226

48 스티로폼 공을 이용한 장식 화분 230

plus item 아이스크림 막대로 장식한 화병 233

49 빈 음료수병과 조화를 이용한 촛대 234

plus item 빈 음료수병으로 만든 어항 237

 ## 이 책의 구성과 매력

테마와 목적에 따른 6파트 구성

이 책은 아이템의 테마와 목적에 따라 6개 파트로 구성되어 있습니다. 모든 만들기는 아이들의 오감을 발달시키고 두뇌발달을 촉진하는 역할을 하지만, 아이템의 특징이나 디자인 등을 고려하여 특정 자극요소를 강화해주면 더 큰 효과를 얻을 수 있습니다.

PART 1 상상력에 날개를 달아주는 아이방 꾸미기
PART 2 대인관계 틀을 잡아주는 생일파티 준비하기
PART 3 컬러감각을 키워주는 패션소품 만들기
PART 4 감성지수 높여주는 크리스마스 즐기기
PART 5 창의력을 키우는 상자, 벽장식 만들기
PART 6 경제감각을 가르쳐주는 생활소품 만들기

난이도별, 연령별 접근 안내

이 책에는 해당 아이템의 난이도와 연령별 참여 수준을 가늠해볼 수 있는 장치가 도입되어 있습니다. 또한 부모와 자녀가 함께 만들기를 할 때 어느 쪽이 주도적인 역할을 해야 하는지에 대한 정보를 제공하고 있어 초보자들이 만들기 아이템을 선정할 때 도움을 받을 수 있습니다.

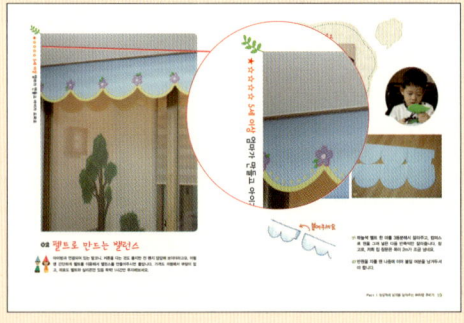

해당 재료나 아이디어에 대한 확장

한 아이템에 대한 만들기가 끝난 뒤에는 남은 재료나 해당 아이디어를 활용할 수 있도록 플러스 아이템을 소개하고 있습니다. 플러스 아이템은 재료에 대한 접근 방법을 다양화하고 창의적인 아이디어를 구상하는 지침이 됩니다.

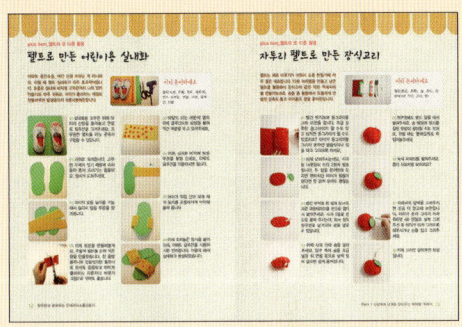

15명의 어린이가 직접 만든 작품들

이 책의 만들기에는 4세에서 10세의 어린이 15명이 참여했습니다. 고사리 손으로 직접 만든 작품들이 아이들의 호기심을 자극하며, 부모님께는 보는 즐거움을 더해 줍니다. 아이의 눈높이에서 작품을 만들고 대하는 방법을 배울 수 있습니다.

만들기가 어린이에게 주는 교육적 효과

★ 오감과 두뇌발달 촉진 : 공예 놀이는 다양한 색감과 모양의 작품을 만드는 동안 아이들의 오감이 자극을 받아 두뇌가 발달하는 효과를 기대할 수 있습니다.

★ 눈과 손의 협응력 신장 : 만들기는 눈과 손의 협응력을 신장시켜 유아기 아이들의 성장, 발달을 촉진하는 효과가 있습니다.

★ 창의적 아이디어 촉발 : 기본 레시피를 활용하여 작품을 만드는 동안 다양한 아이디어를 도출해 아이들의 창의성을 신장시켜 줍니다.

★ 부모자녀 간 상호작용 확대 : 엄마와 함께 만들기를 하며 상호작용을 하는 동안 아이들은 정서적 안정감과 자신감을 느끼게 됩니다.

★ 성취감 높은 취미활동 : 작품을 만드는 즐거움은 물론, 완성품을 통해 성취감을 느낄 수 있다.

PART 1
상상력에 날개를 달아주는 아이방 꾸미기

아이들은 자신만의 작은 공간에서
상상의 나래를 편답니다.
가구나 장난감은 물론, 구석에 자리한 소품 하나,
벽이나 천장의 작은 무늬 하나까지
아이들에겐 놀잇감이 되고, 상상의 모티브가 되지요.
엄마와 함께 꾸민 방에서 아이들은
더욱 달콤한 꿈을 꾼답니다.

★★☆☆☆ 5세 이상 엄마가 만들고 아이가 도와요

01 해면 스펀지를 이용한 벽화

아이들 방은 벽지도 아이들 취향에 맞춰주는 게 좋답니다. 직접 고르게 하면 얼마나 좋아하는지 몰라요. 하지만 요란스러운 벽지는 금방 싫증을 낸답니다. 되도록 잔잔한 무늬나 차분한 색으로 고르고, 너무 밋밋해 보인다면 벽화를 그려 포인트를 주는 건 어떨까요?

미리 준비하세요

굵은 붓, 가는 붓, 아크릴물감(녹색 계열, 갈색 계열, 분홍색, 노란색), 해면 스펀지, 팔레트

01 황토색과 갈색을 섞어 중간 정도 색을 만듭니다. 두세 번 덧칠해야 하니까 처음에 물감을 섞을 때 조금 넉넉하게 만들어주세요. 물감이 모자라서 더 만들려면 똑같은 색을 만드는 게 정말 어렵더라고요.

02 엄마가 나무의 모양을 잡아줍니다.
<u>주변에 예쁜 나무가 있으면 사진을 찍어 와서 보고 그리는 게 좋아요. 실물보다는 사진을 찍어 평면으로 만든 후 보고 그리는 것이 한결 쉽거든요. 한 가지 기억해두실 건 나무 둥치는 위로 갈수록 가늘어진다는 거예요. 그것만 기억하시면 됩니다. 그리고 너무 매끈한 나무보다는 울퉁불퉁 못생긴 나무가 더욱더 사실감을 준다는 거지용~</u>

Part 1 상상력에 날개를 달아주는 아이방 꾸미기

Tip box

아직 손동작이 자유롭지 못한 아이들이 작업을 하다보면 실수를 하기도 합니다. 그럼 살짝 바깥쪽으로 칠해주세요. 실수가 잦을수록 나무는 점점 뚱뚱해지겠지요?

03 이제 아이에게 물감과 붓을 주고 색을 칠해보도록 합니다. 많이 칠해야 하거나 어려운 작업이 아니라서 아이는 신나하며 작업을 할 겁니다.

04 나무기둥이 다 칠해졌으니 이제 나뭇잎을 찍어볼까요? 나뭇잎을 그릴 땐 그냥 원색의 녹색이나 연두색을 쓰지 말고, 연두색과 녹색, 노란색을 적절히 섞어 가면서 찍어주세요. 해면 스펀지는 스펀지 자체에 질감이 있기 때문에 그냥 툭툭 찍어도 멋진 작품이 된답니다.

05 아이가 해면 스펀지를 이용해서 직접 찍어보도록 해주세요. 독특한 재질에 더욱 신기해하며 작업을 해나간답니다.

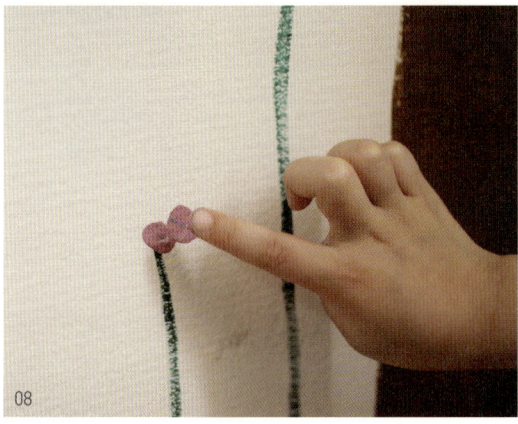

06 이렇게 나무를 완성했어요. 더 풍성한 나무를 만드셔도 예뻐요.

07 이제 좀 가는 붓으로 줄기를 그려줍니다. 아이들과 작업할 땐 물감의 농도 조절에 신경을 좀 써주세요. 너무 되거나 묽으면 아이들이 붓질하는 걸 힘들어한답니다.

08 아이의 손가락에 물감을 묻혀 꽃을 그려줍니다.

09 줄기엔 녹색을 이용해서 나뭇잎을 찍어주세요

10 이렇게 해서 멋진 벽화가 완성되었습니다.

Part 1 상상력에 날개를 달아주는 아이방 꾸미기

★☆☆☆ 5세 이상 엄마가 만들고 아이가 도와요

02 펠트로 만드는 밸런스

아이방과 연결되어 있는 발코니. 커튼을 다는 것도 좋지만 전 왠지 답답해 보이더라고요. 이럴 땐 간단하게 펠트를 이용해서 밸런스를 만들어주시면 좋답니다. 가격도 저렴해서 부담이 없고, 재료도 펠트와 실리콘만 있음 뚝딱! 1시간만 투자해보세요.

미리 준비하세요

펠트(노란색, 하늘색, 보라색, 흰색, 연두색, 분홍색), 가위, 컴퍼스, 실리콘

01

02

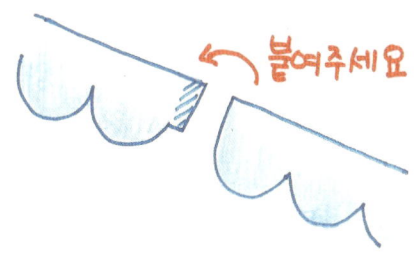
← 붙여주세요

01 하늘색 펠트 한 마를 3등분해서 잘라주고, 컴퍼스로 원을 그려 넣은 다음 반쪽씩만 잘라줍니다. 참고로, 저희 집 창문은 폭이 2m가 조금 넘네요.

02 반원을 자를 땐 나중에 이어 붙일 여분을 남겨두셔야 합니다.

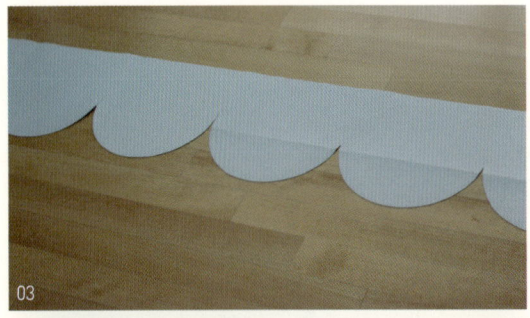

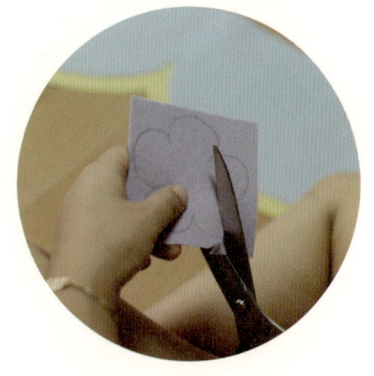

한 가지 색으로 하는 것보다 다른 색을 하나 덧대 주면 더욱 예쁘고 화사해 보이지요? 저는 원우가 분홍색으로 하고 싶다고 해서 보라와 분홍을 함께 사용했습니다.

이런 식으로 살짝 어긋나게 붙여주어도 재미있답니다.

03 이제 실리콘으로 붙여가며 이어줍니다. 한 마에서 원이 네 개 나오네요.

04 노란색 펠트를 아랫부분에 깔고 실리콘으로 붙여줍니다.

05 노란색이 보이도록 여유분을 3cm 정도를 남기고 잘라주세요.

06 이제 펠트에 꽃을 그려보겠습니다.

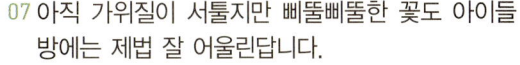

07 아직 가위질이 서툴지만 삐뚤삐뚤한 꽃도 아이들 방에는 제법 잘 어울린답니다.

08 0.3cm 정도 여유를 두고 잘라낸 다음 꽃술 부분을 장식할 펠트도 2가지로 준비해둡니다.

09 예쁘게 붙여서 꽃을 만들어줍니다.

10 나뭇잎까지 붙여서 완성을 해줍니다. 나뭇잎이 꽃 아래쪽으로 들어가야 예쁘겠지요? 꽃의 가운데 부분만 본드를 칠하고 꽃잎을 살짝 들어 나뭇잎을 붙이거나 나뭇잎을 먼저 붙인 후 꽃잎을 붙이면 예쁘게 완성할 수 있습니다.

11 노란색 자투리 펠트로 작은 원을 만들어 붙이는데, 한 개의 큰 원에 7개의 작은 원을 붙여주었어요. 이제 완성입니다!

Part 1 상상력에 날개를 달아주는 아이방 꾸미기　23

plus item_펠트의 또 다른 활용

펠트로 만든 어린이용 실내화

아파트 층간소음, 여간 신경 쓰이는 게 아니에요. 이럴 때 펠트 실내화가 아주 효과적이랍니다. 요즘은 실내화 바닥용 고무판까지 나와 있어 만들기도 아주 쉬워요. 아이가 좋아하는 색깔로 만들어주면 발걸음마저 사뿐사뿐해진답니다.

미리 준비하세요

펠트(노랑, 주황, 연두, 레몬색), 연두 고무판, 연필, 가위, 글루건, 신발

01 실내화용 고무판 위에 아이의 신발을 올려놓고 연필로 외곽선을 그려주세요. 고무판은 펠트를 파는 곳에서 구입할 수 있답니다.

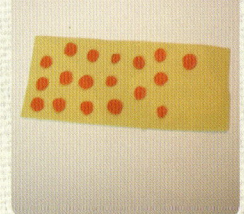

05 바탕이 되는 레몬색 펠트 위에 글루건으로 문양을 붙여 약간 여분을 두고 오려주세요.

02 가위로 오려줍니다. 고무판 두께가 있기 때문에 아이들이 혼자 오리기는 힘들어요. 엄마가 도와주세요.

06 이제 실내화 바닥에 발등 부분을 붙일 건데요, 이때도 글루건을 이용하시면 됩니다.

03 아이의 발등 높이를 가늠해서 슬리퍼 발등 부분을 잘라둡니다.

07 아이가 직접 신어보게 해서 높이를 조절해가며 바닥에 붙여줍니다.

04 이제 장식을 만들어볼게요. 주황색 펠트를 오려 작은 원을 만들었습니다. 줄무늬로 하셔도 깔끔하고 아이가 좋아하는 자동차나 비행기 그림으로 꾸며도 좋습니다.

08 이제 오려놓은 장식을 붙이는데, 이때도 글루건을 사용하시면 편리합니다. 이렇게 해서 실내화가 완성되었습니다.

plus item_펠트의 또 다른 활용

자투리 펠트로 만든 장식고리

펠트는 재료 다루기가 쉬워서 소품 만들기에 아주 좋은 재료랍니다. 다른 아이템을 만들고 남은 펠트를 활용해서 장식고리 같은 작은 액세서리를 만들어보세요. 솜을 좀 활용해서 도톰하게 만들면 감촉도 좋고 아이들도 정말 좋아한답니다.

미리 준비하세요

펠트(빨강, 초록), 솜, 본드, 리본테이프 약간, 고리, 펜)

01 빨간 부직포에 동그라미를 그립니다. 조금 길쭉한 동그라미가 될 수도 있고 넙적한 동그라미가 될 수도 있겠지요? 아이가 동그라미를 그리지 못하면 템플릿이나 컵을 대고 그리게 하세요.

05 창구멍에도 본드 칠을 해서 붙여주세요. 솜 때문에 본드를 칠한 부분이 떨어질 수도 있어요. 이럴 때는 빨래집게로 꽉 집어놓으세요.

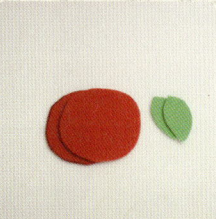

02 이제 오려주시는데요, 사과와 나뭇잎이 각각 2장씩 필요합니다. 두 장을 한꺼번에 오리면 편하지만 아이가 힘들어한다면 한 장씩 오려도 괜찮습니다.

06 녹색 이파리를 붙여주세요. 좀더 사과처럼 보이지요?

03 빨간 부직포 한 장에 5cm로 자른 리본테이프를 반으로 접어서 붙여주세요. 사과 2장을 본드로 붙여주시는데, 2cm 정도 창구멍을 남겨둬야 솜을 넣을 수 있답니다.

07 이파리에 잎맥을 그려주시면 조금 더 정교해 보인답니다. 아이가 혼자 그리기 어려워하면 4B 연필로 살짝 그려주신 후 아이가 따라 그리도록 해주시거나 손을 잡고 그려주세요.

04 이제 사과 안에 솜을 넣어주세요. 입구 쪽에 솜을 조금 넣은 뒤 연필 등으로 살짝 밀어 넣으면 쉽게 들어갑니다.

08 이제 고리만 달아주면 완성입니다.

엄마가 만들고 아이가 좋아하는 ☆생활 아이디어

03 우유팩으로 만든 어린이용 발판

책꽂이에서 책을 꺼낼 때, 선반에 장난감을 정리할 때, 우리 아이들의 키가 아직은 모자랄 때가 많죠? 이럴 때를 대비해 안성맞춤 발판 하나 만들어주세요. 아이들이 먹고 남은 빈 우유팩을 모아서 만들면 되니까 재료비 걱정도 없고, 가벼워서 이동도 편리하답니다.

미리 준비하세요

우유팩 46개, 스테이플러, 칼, 자, 가위, 박스테이프, 폼보드

200ml 우유팩을 모아두세요!

step 1 사각 접기

01 우유팩을 깨끗이 씻은 다음 잘 말려서 윗부분을 안으로 접어 넣어주세요.
이건 간단한 작업이니까 아이들에게 시키세요. 아주 좋아할 거예요. 사각접기에는 우유팩 34개가 필요합니다.

02 스테이플러를 이용해서 우유팩을 하나씩 붙여 나갑니다.

Part 1 상상력에 날개를 달아주는 **아이방 꾸미기** 27

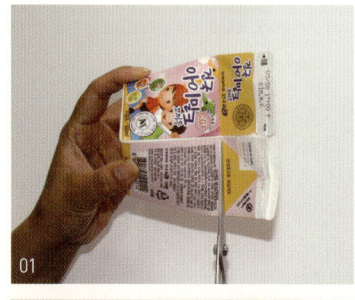 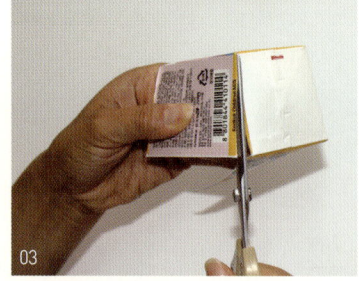 

step 2 삼각 접기

01 우유팩 윗부분을 살짝 눌러서 사각 접기 할 때 접어 넣었던 부분을 잘라냅니다.

02 모서리를 따라 밑면까지 잘라줍니다.

03 각을 따라 왼쪽으로 밑바닥 부분도 잘라줍니다.

04 이번엔 오른쪽 밑바닥 부분을 잘라 V자 모양이 되도록 해주세요.

05 잘라놓은 밑면을 접어 올려 바닥이 삼각형이 되도록 해주세요.

06, 07 양쪽 날개 부분을 잘 접어서 각을 잡아주세요. 양쪽 날개가 서로 어긋나지 않게 바닥면을 잘 맞춰주세요.

08 스테이플러로 찍어서 고정시켜줍니다.

Tip box

스테이플러 사용 요령

스테이플러로 우유팩을 연결할 때는 위아래 각각 두 군데씩 찍어서 고정을 시키는데, 이때 스테이플의 끝부분이 안쪽으로 들어가게 해주셔야 해요. 그래야 아이들도 다치지 않고 덮개를 씌울 때도 올이 걸리지 않는답니다.

step 3 조립해서 완성하기

01 사각 접기 9개를 3×3으로 이어 붙이면 기본 틀이 완성됩니다.

02 기본 틀을 마름모 방향으로 놓고 두 개씩 이어 붙인 사각 팩을 양쪽에 붙여줍니다.

03 스테이플러를 이용해서 기본형에 단단히 붙여줍니다.

04 이제 삼각 접기로 만든 우유팩을 붙일 건데요, 위 아래에 2개씩, 양옆에 하나씩 붙여주시면 됩니다.

05 여기까지 하면 기본 틀은 완성입니다.

Part 1 상상력에 날개를 달아주는 아이방 꾸미기

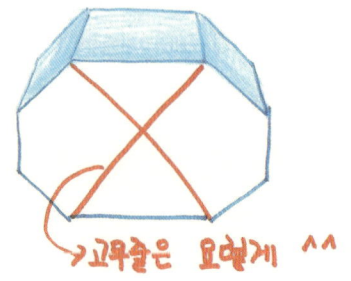

→고무줄은 요렇게 ^^

발판 틀 아랫부분을 바이어스로 처리하고 고무줄을 둘러 마무리해주었더니 더욱 튼튼하네요.

06 이렇게 완성된 발판 틀이 2개 필요하답니다. 같은 방법으로 하나 더 만들어주세요.

07 준비된 틀 위에 폼보드를 붙여 더욱 튼튼하게 만들어줄 거예요. 폼보드에 발판 틀을 올려놓고 연필로 모양을 본떠주세요.

08 모양대로 폼보드를 오려 내면 준비 완료.

09 이제 박스테이프를 이용해서 발판 틀 2개와 폼보드를 붙여주세요. 이때 발판 틀은 2개 모두 바닥이 아래쪽을 향해야 합니다.

10 누빔 천을 이용해서 덮개를 만들어주면 깔끔하게 마무리됩니다.

plus item_우유팩의 또 다른 활용

엄마랑 함께 만드는 우유팩 의자

발판 만들기를 한 단계 업그레이드해서 의자 만들기에 도전해볼까요? 발판 만들기를 잘 하셨으면 의자 만들기도 그리 어렵지 않을 거예요. 우유팩 의자는 발판보다 실용성도 높고 아이들도 너무너무 좋아하는 아이템이랍니다. 아이방에 꼭 하나 마련해주세요!

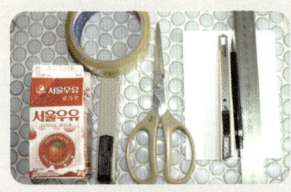

미리 준비하세요

우유팩 118개, 스테이플러, 칼, 자, 가위, 박스테이프, 폼보드

01 3×3 기본 틀 4개 만들고 양쪽 상단은 삼각 접기로 각을 주어 모양을 만듭니다.
<u>삼각 접기와 사각 접기는 앞에 있는 발판 만들기(26페이지)를 참고하세요!</u>

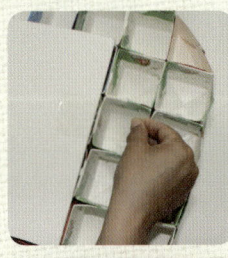

05 박스테이프를 이용해서 우유팩과 폼보드를 고정시켜주세요.

02 스테이플러를 이용해서 튼튼하게 고정시켜주세요.

06 이제 만들어두었던 팔걸이와 등받이를 붙여줍니다. 하지만 아직은 너무 낮고 마무리가 덜돼 보이지요?.

03 방석이 될 가운데 부분의 세로 4칸×가로 5칸을 제외하고 팔걸이와 등받이를 만들어줍니다.

07 같은 모양의 팔걸이를 하나 더 만들어 우유팩의 입구끼리 마주보도록 붙여서 마무리를 해줍니다.

04 폼보드를 세로 4칸×가로 5칸 크기로 잘라 방석을 준비합니다.

08 이제 누빔 천을 씌워주기만 하면 완성이랍니다.

5세 이상 아이가 만들고 엄마가 도와요

04 종이풍선으로 만든 장식용 기구

동화책에 종종 등장하는 기구. 하지만 안타깝게도 아이들이 기구를 직접 보거나 타볼 기회는 좀체 없잖아요? 하지만 상상 속에서는 얼마든지 기구를 타고 세계일주를 할 수도 있답니다. 예쁜 기구를 만들어 방도 장식하고 아이의 꿈도 높이 높이 띄워주세요.

미리 준비하세요

풍선, 신문지, 색종이, 풀, 종이컵, 빨대, 실리콘

01

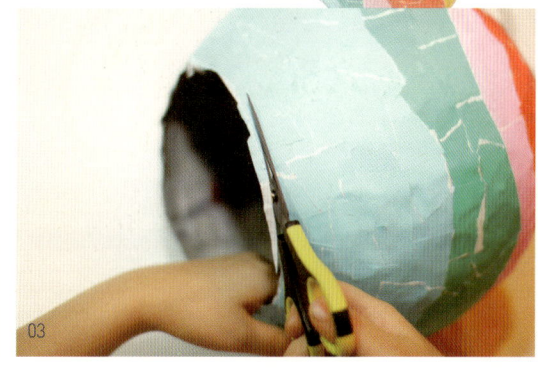
03

02

01 풍선을 크게 분 뒤 입구 쪽에 지름 10cm 정도 공간을 남겨두고 신문지를 붙여주세요. 신문지를 5겹 정도 붙여주면 단단해진답니다.

02 간단하게 장식 도안을 하고 그 선에 맞추어서 색종이를 붙여갑니다. 꽃무늬나 구름무늬를 만들어 붙여도 좋을 것 같아요. 장식이 다 끝나면 안에 있는 풍선을 터트려서 빼내면 됩니다.

03 이제 종이풍선의 끝부분을 가위로 다듬어줍니다.

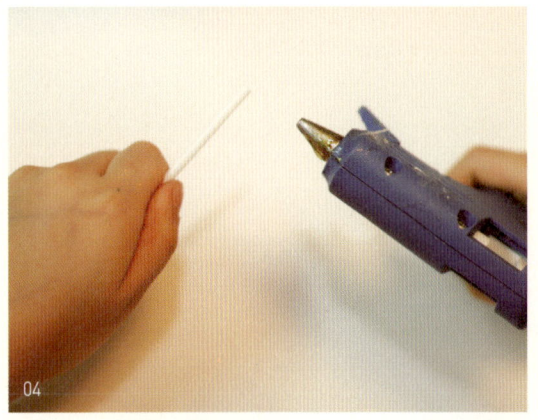

04 빨대 끝에 실리콘을 살짝 발라주세요.

05 만들어둔 종이풍선 안쪽에 실리콘 바른 빨대를 붙여줍니다.

06 전체적인 균형을 맞춰가며 빨대 2개를 더 붙여줍니다.

07 빨대 아래쪽에도 같은 방법으로 종이컵을 붙여주세요.

08 자그마한 장식품을 종이컵에 붙여서 멋을 내면 더욱 좋겠죠?

09 이제 송곳으로 종이풍선의 윗부분에 구멍을 뚫어 줍니다. 위치를 잘 잡으셔야 풍선을 균형감 있게 걸 수 있답니다.

10 이쑤시개 가운데 부분에 실을 묶습니다. 이때 걸기 좋게 실 끝이 고리 모양으로 되도록 해주는 센스! 꼭 필요합니다.

11 뚫어 놓은 구멍으로 이쑤시개를 집어넣어 끈만 풍선 밖으로 나오게 하면 완성입니다. 이쑤시개가 매듭 역할을 해주니 실이 빠질 염려는 없답니다.

12 이제 적당한 자리에 달아주기만 하면 끝~

★☆☆
☆☆☆ 5세 이상 아이가 만들고 엄마가 도와요

05 플라스틱 달걀판으로 만든 꽃

한 달이면 몇 개씩 나오는 달걀판도 그냥 버리긴 아까운 재료예요. 게다가 색깔도 예쁘고 투명하기도 해서 활용하기에 따라서는 아주 좋은 미술 재료가 된답니다. 이번에는 꽃을 만들어 보려고 해요. 엄마가 조금만 도와주면 아주 멋들어진 조화를 만들 수 있답니다.

미리 준비하세요

플라스틱 달걀판, 모루, 빨대. 글루건, 가위

01 달걀판의 동그랗게 움푹 파인 곳을 잘라냅니다. <u>이 부분은 아이가 하기엔 조금 힘들어요. 엄마의 도움이 필요합니다.</u>

02 이렇게 10개를 잘라내면 5송이의 꽃을 만들 수 있답니다.

03 움푹한 달걀판이 꽃 모양으로 벌어질 수 있도록 가위집을 넣어줍니다.

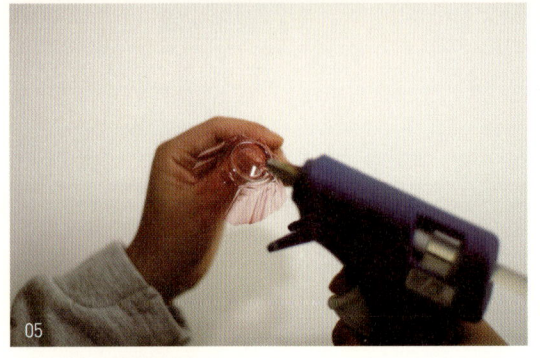

04 손을 이용해서 빌리머 꽃 모양을 잡아주세요.
꽃 하나에 달걀판 2조각이 필요한데, 위쪽 꽃잎보다 아래쪽 꽃잎을 더 활짝 펴주시는 게 예쁜 꽃을 만드는 포인트랍니다.

05 준비가 되었으면 이제 실리콘을 이용해서 붙여보겠습니다.
아이가 7세 정도 되면 글루건을 사용할 수도 있지만 실리콘이 뜨겁기 때문에 주의가 필요합니다. 가급적 목공용 본드를 사용하게 하거나 엄마가 도와주시는 것이 좋습니다.

06 좀더 활짝 펴진 꽃잎을 아래쪽으로 넣어서 모양을 잡아주세요.

07 글루건을 사용하지 않고 본드를 사용해서 만드실 경우 사진처럼 엄지와 검지를 이용해서 조금 눌러주면 더욱 견고하게 붙어요.

08 이제 빨대의 접히는 부분에서 위쪽으로 1.5cm 정도 위치를 잘라주세요. 꽃을 붙였을 때 꽃대가 자연스럽게 움직이도록 하기 위해서랍니다.

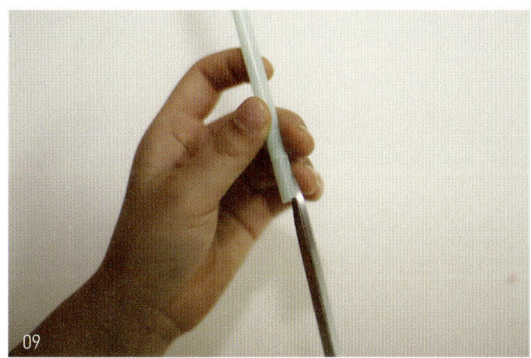
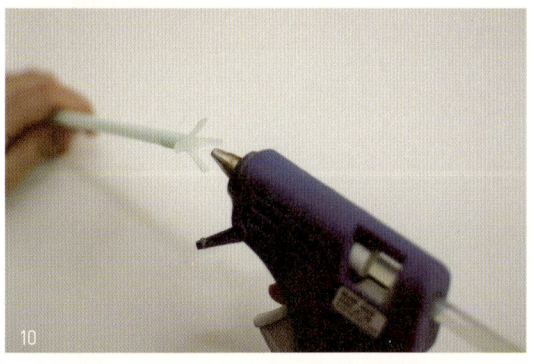

09 자른 빨대의 끝부분을 십자 모양으로 잘라서 빨대의 끝부분이 펼쳐지도록 할 거예요.

10 펼쳐놓은 빨대의 끝부분에 실리콘이나 본드를 발라주세요.

11 이제 실리콘을 칠해둔 빨대의 끝부분에 꽃을 붙여줍니다.

12 포인트를 주기 위해 가운데 부분에 모루를 하나 붙여보겠습니다.
<u>진주 구슬이나 비즈가 있으신 분들은 그걸 사용하셔도 됩니다.</u>

13 이렇게 붙여주시면 완성입니다.
<u>다른 조화들이랑 같이 곁들여서 꽃꽂이를 해주셔도 되구요, 아님 그냥 리본으로 간단하게 묶어주셔도 예쁘답니다.</u>

5세 이상 아이가 만들고 엄마가 도와요

06 재활용 CD를 이용한 장식용 액자

버그가 생기거나 필요 없게 된 CD를 이용해서 작품을 해보면 어떨까요? CD의 동그란 모양이 재미있잖아요? CD에 깨끗한 라벨지를 붙인 뒤 아이가 그림을 그리게 해서 액자로 만들어주세요. 아이가 그린 예쁜 그림을 오래 오래 간직할 수 있는 멋진 장식품이 될 거예요.

미리 준비하세요

CD, CD 라벨지, 사인펜, 배경지, 핑킹 가위, 스티로폼 조각, 양면테이프, 액자

01 CD용 라벨지에 아이가 그림을 그리도록 지도해 주세요. 가운데 부분엔 그림을 그리지 않도록 그 부분만 미리 떼 두시면 더욱 좋겠죠?

02 이제 그림을 CD에 붙여볼 건데요, 가운데를 잘 맞춰 붙이시는 게 중요합니다.
이 부분은 엄마가 도와주시는 게 좋을 것 같아요.

03 배경지에 액자를 올리고 크기에 맞게 그려줍니다.

04 이제 네 군데를 모두 자를 건데요, 일반가위보다는 핑킹가위로 자르는 게 예쁘니까 참고하세요. <u>종이는 연필선보다 1cm 정도 안쪽으로 잘라주는 것이 깔끔하답니다.</u>

05 이제 액자에 배경지를 붙일 차례입니다. 양면테이프를 이용하면 간단하답니다.

06 배경지 위에 바로 CD를 붙이지 마시구요, CD 뒤에 스티로폼 조각을 붙여 1~1.5cm 정도 높이를 주시면 입체감이 생겨서 더욱 예쁜 작품이 된답니다.

07 중심을 잘 맞춰서 붙인 뒤 액자를 끼워서 마무리를 해줍니다.

plus item_CD의 또 다른 활용

CD로 만든 스탠딩 시계

CD는 모양이 예쁘고 재질이 좋아서 활용도가 무척 넓답니다. 특히 시계처럼 동그란 물건을 만드는 데는 CD만한 게 없지요. 아이와 함께 시계를 만들어보세요. 시계 보는 법을 막 배우기 시작한 아이라면 더욱 좋겠지요? 골판지 색깔은 아이의 취향에 맞춰주시면 된답니다.

미리 준비하세요

골판지(분홍, 연두), 자, 가위, 양면테이프, 시계부속, 스티커, 아이스크림 막대기, 칼, 본드

01 분홍 골판지를 한 줄씩 잘라주시는데요, 골이 옆으로 가게 해서 잘라주셔야 합니다. 모눈자 눈금으로 2칸씩 잘랐습니다.

06 골판지 위쪽에 본드를 짠 뒤 손가락으로 문질러서 골고루 발라주세요. 마르면 투명해지니까 부담 없이 바르셔도 된답니다. 이렇게 해두면 골판지가 서로 달라붙어서 튼튼해진답니다.

02 일단 10줄 정도를 잘랐구요, 더 넓은 틀을 원하시면 더 많이 준비하세요. 본드로 끝과 끝을 연결하여 한 줄로 길게 만들어둡니다.

07 스티커를 붙여서 CD를 장식하고, 가운데 구멍을 낸 뒤 시계 부속을 설치합니다. 바늘을 12시에 모아두고 한 바퀴씩 돌려가며 숫자도 붙여주세요.

03 두꺼운 도화지에 지름이 15cm 정도 되는 원을 그려서 오려주세요.

08 양면테이프를 이용해서 아이스크림 막대기 2개를 시계 뒤쪽에 붙인 뒤 연두색 골판지를 잘라서 아랫부분에 감아줍니다. 받침대가 될 부분이니까 조금 두껍게 감아주세요.

04 테두리 부분에 양면테이프를 쭉 붙여주세요. 꺾이는 부분이 겹쳐도 상관없으니까 그냥 편하게 붙이면 됩니다.

09 끝부분은 본드로 붙여 마무리하고, 위아래에 손가락으로 본드를 발라주시면 완성입니다.

05 종이에 CD를 붙인 뒤 그 주위로 골판지를 감아 나갑니다. 저는 1.5cm 두께로 감았는데, 사이즈는 원하는 대로 조정하시면 됩니다.

10 제법 튼튼한 스탠딩 시계랍니다. 색깔도 예쁘죠?

5세 이상 아이가 만들고 엄마가 도와요

07 병풍 스타일 사계절 가리개

 오늘은 밋밋한 옷장 위에 올려놓을 만한 가리개를 만들어볼 거예요. 병풍 스타일로 만들어 아이들이 직접 그림을 그리게 하면 아주 재미있어 한답니다. 봄, 여름, 가을, 겨울, 사계절이 한눈에 들어오는 계절 그림으로 장식해보세요.

미리 준비하세요

4절 배경 종이, 골판지, 색종이, 칼,
가위, 풀, 사인펜, 연필, 진주 비즈

01 4절지의 3분의 1 정도를 접어주세요.
<u>아이들은 반으로 접는 건 쉽게 하지만 3등분하여 접는 것은 어려워한답니다. 요건 엄마가 도와주세요.</u>

02 이제 가위나 칼을 이용해서 잘라주세요.

03 4등분을 해서 접으면 기본적인 병풍 모양이 완성됩니다.

04 아이에게 색종이에 그림을 그리게 합니다.
<u>엄마가 "봄엔 뭐가 좋을까?" "우리 여름에 어디 갔었지?" 하는 식으로 아이에게 이야기를 건네면 아이가 작업을 더욱 재미있어 한답니다.</u>

05 사인펜으로 아이들이 좋아하는 무지개를 그린 뒤에 봄 언덕을 표현해서 붙여봤습니다.

06 노랑과 주황 색종이로 꽃을 만들었어요. 이제 아이가 원하는 곳에 붙이게 해보세요.

07 사인펜을 이용해서 꽃마다 줄기도 그려주시고요.

08 이번엔 여름을 표현해보겠습니다. 빨강, 파랑 색종이로 뜨거운 태양과 바닷물을 표현해볼까요?

09 색종이로 물고기랑 꽃게, 조개 같은 걸 만들어볼 거예요. 색종이에 물고기를 그리게 하고 색연필로 색칠한 다음 오리도록 지도해주세요.

10 이제 가을입니다. 커다란 나무를 한번 만들어볼까요?

11 노랑 색종이와 빨강 색종이를 이용해서 단풍잎과 은행잎을 만들어보았습니다.
<u>좀 큰 아이들은 도토리와 다람쥐를 곁들여도 좋겠지요?</u>

12 이제 겨울을 표현해볼 겁니다. 우선 흰색 종이에 눈사람과 눈송이를 그려서 오려줍니다. 눈사람에 모자도 씌워볼까요?
<u>색종이엔 흰색이 없으니까 흔히 사용하는 A4 용지나 도화지를 이용하세요.</u>

13 장갑도 만들고 눈사람 눈코입도 그려주었습니다. 소나무엔 둥치도 붙여주세요.

14 이제 표지를 꾸며볼게요. 병풍을 접어서 골판지에 대고 크기를 잰 뒤 오려주세요.

15 풀을 이용해서 붙여줍니다.

16 이제 골판지로 이름도 붙여보고 진주 비즈도 붙이면서 예쁘게 꾸미면 됩니다.

Part 1 상상력에 날개를 달아주는 아이방 꾸미기

08 테이프 심을 이용한 연필꽂이

요즘은 일반 가정에서도 박스테이프를 많이 쓰시잖아요? 택배를 보내거나 바닥에 떨어진 머리카락을 처리하는 데는 아주 유용하지요. 이 테이프를 다 쓰고 남은 심 두 개면 아주 단단하면서도 예쁜 연필꽂이를 만들 수 있답니다.

미리 준비하세요

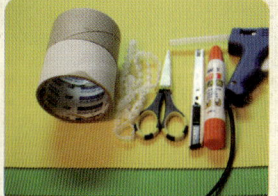

테이프 심 2개, 골판지, 비즈, 칼, 가위, 본드, 글루건

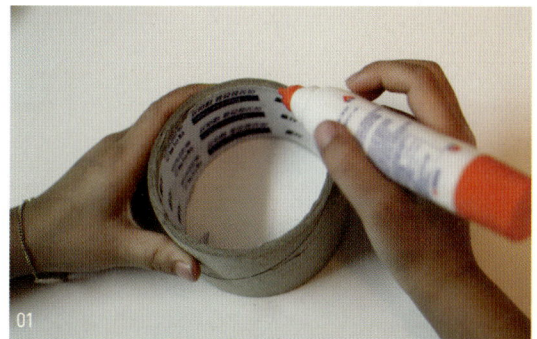

01 테이프를 다 쓴 뒤 남는 종이심 2개를 준비해 한 쪽 단면에만 본드를 칠해줍니다.

02 서로 어긋나지 않도록 나란히 붙여주세요.

03 이제 골판지로 감싸줄 건데요, 위아래는 딱 맞게 잘라주시고 옆쪽은 테이프 심을 한 바퀴 감고 1cm 정도 여유 있게 잘라주세요.
<u>아이들에겐 치수를 맞추는 일이 어려워요. 여기선 엄마가 도와주세요. 지금은 골판지를 썼지만 포장지나 예쁜 종이가 있으면 그걸 활용하셔도 좋아요.</u>

Part 1 상상력에 날개를 달아주는 아이방 꾸미기

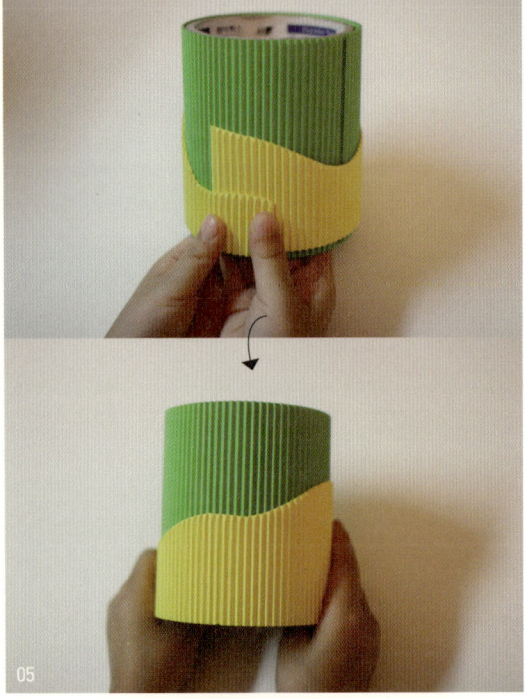

이렇게 응용해 보아요~

04 어울리는 색깔의 종이를 골라서 자유롭게 곡선으로 오려주세요.
<u>뒷면에 연필로 절취선을 그려주시면 아이들도 자를 수 있습니다. 하지만 골판지를 가로로 자르는 게 쉽진 않기 때문에 아이가 아직 어리다면 엄마가 많이 도와주셔야 할 거예요.</u>

05 이렇게 잘라진 종이로 통을 감싸보세요. 양쪽 끝부분이 잘 안 맞을 거예요. 끝부분만 살짝 잘라내서 서로 자연스럽게 들어맞도록 손질해주세요. <u>골판지를 붙일 때는 양면테이프보다는 글루건을 이용하시는 게 좋아요. 양면테이프도 붙기는 하지만 자꾸 떨어진답니다.</u>

06 이제 마무리 단계입니다. 위쪽에 비즈를 붙여주세요.

07 좀더 깔끔하게 마무리를 하려면 통 안에도 같은 색 종이를 붙여주면 좋답니다. 골판지를 둥글게 말아 안으로 넣은 뒤 붙여주면 되니까 어렵지는 않습니다.

08 이제 두 색이 이어지는 부분을 비즈로 장식을 해주시는데요, 한 줄로 쭉 이어 붙이시면 됩니다.

09 이번엔 비즈를 하나씩 잘라주세요. 이 비즈는 위쪽에만 군데군데 붙여줄 거예요. 이때도 글루건을 쓰시는 게 편하답니다.

10 자투리 골판지를 잘라 본드칠을 하며 돌돌 감아 밑받침을 만들어주세요.

11 바닥에 붙여주기만 하면 완성입니다.

Part 1 상상력에 날개를 달아주는 아이방 꾸미기

plus item_골판지의 또 다른 활용
골판지로 만든 미니 선인장

눈의 피로를 덜어준다는 녹색 골판지를 돌돌 감아 원을 만들고 그 원을 붙여서 선인장을 만들어보세요. 알록달록 예쁜 꽃도 붙여주면 정말 귀여운 선인장이 됩니다. 책상 위나 책장 위에 하나 올려주시면 눈에 쏘옥 들어오는 멋진 소품이 된답니다.

미리 준비하세요
골판지(녹색, 연두, 갈색), 미니 화분, 조화, 본드, 글루건, 가위, 스티로폼, 꼬챙이

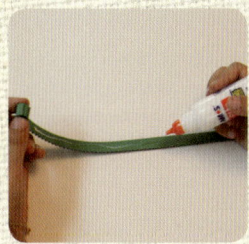

01 녹색 종이에 본드칠을 한 뒤에 돌돌 감아줍니다.

05 가위를 이용해 연두색 골판지를 골대로 잘라주세요.

02 다 감았으면 끝부분에 본드칠을 해서 다른 한 장과 이어주세요.
<u>한꺼번에 10장을 연달아 이어 붙여서 아이가 감도록 해주셔도 됩니다.</u>

06 선인장에 본드칠을 하고 하나씩 붙여줍니다. 선인장 가시 같나요?

03 그렇게 10줄, 5줄, 1줄 감은 것을 각각 준비해둡니다.

04 이제 '선인장스럽게' 붙여주세요. 너무 반듯한 것보다는 맨 밑에 있는 큰 잎을 약간 삐뚤게 붙여주시는 것이 무게중심이 맞아 보인답니다.

07 가는 조화를 준비했다면 줄기도 0.5cm 정도 여유를 두고 잘라주세요.

08 이제 선인장에 꽃을 붙여 줄 건데요, 골판지 사이사이에 빈틈이 있기 때문에 그 사이에 쏘옥 넣어주면 깔끔하고 예뻐요.
<u>하지만 이렇게만 하면 선인장이 흔들려서 금방 망가지거든요? 뒷부분에 보강장치를 좀 해보겠습니다.</u>

11 선인장에 붙여 놓았던 꼬챙이를 이용해서 스티로폼에 선인장을 고정합니다. 이때 글루건을 같이 사용하면 더욱 튼튼해진답니다.

09 선인장 뒷면에 글루건을 이용해 꼬챙이를 붙여주세요. 선인장과 선인장 사이에 뼈대를 만들어준다고 생각하고, 아랫부분은 5cm 정도 바깥으로 나오도록 길게 해주세요. 마땅한 꼬챙이가 없으면 이쑤시개를 사용하셔도 됩니다.

10 화분에 스티로폼을 잘라 넣어주세요.
<u>택배박스에 충전재로 들어 있는 걸 사용하시면 좋습니다. 적당한 스티로폼이 없으면 우드락을 몇 겹 겹쳐서 사용하세요. 폼보드는 앞뒤로 종이가 발라져 있기 때문에 꼬챙이가 들어가질 않습니다.</u>

12 갈색 골판지 길게 한 줄을 잘라서 양손으로 가볍게 비벼 뭉쳐준 뒤 스티로폼이 보이지 않도록 화분 안쪽에 붙여줍니다.

plus item_골판지의 또 다른 활용

골판지를 이용한 거울 꾸미기

여자아이들은 하루에도 몇 번씩 거울 앞에 서서 이런저런 표정을 지어보며 좋아합니다. 거울이 예쁘다면 예쁜 우리 아이 얼굴이 더욱 예뻐 보이지 않을까요? 동그란 거울에 골판지를 잘라 감아주기만 하면 아기자기 예쁜 공주님 거울이 탄생합니다.

미리 준비하세요

거울, 우드락, 끈, 골판지, 실리콘, 본드, 수수깡, 진주 비즈

01 우드락에 거울을 대고 거울 크기대로 테두리를 그어줍니다.

02 칼로 테두리를 조심스럽게 오려줍니다.

03 거울의 뒷면에 실리콘을 살짝 칠해서 거울을 걸 끈을 붙여줍니다. 끈을 너무 짧게 하면 거울이 떨어질 수도 있으니까 끈을 길게 붙여주시는 게 안전합니다. <u>아이가 쓰는 물건이니까 안전이 최우선이겠지요?</u>

04 끈이 튼튼하게 붙었으면 그 위에 우드락을 붙여줍니다.

05 이제 우드락과 거울의 단면에 골판지를 감아줄 거예요. 처음 한 줄은 실리콘으로 붙여주시는 게 좋아요. <u>골판지는 1cm 간격으로 잘라주었습니다. 눈금이 그려져 있는 방한자를 이용하시면 더욱 편하게 자르실 수 있습니다.</u>

06 거울이 바닥을 향하도록 해서 골판지를 붙여나갑니다.

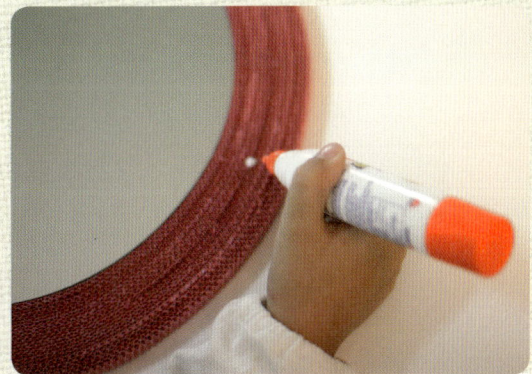

07 수수깡을 잘라 골판지 부분을 장식합니다. 수수깡을 붙일 때는 하나하나 본드칠을 해주셔도 되지만, 아이가 본드 짜는 것을 힘들어하면 엄마가 군데군데 짜놓고 아이가 수수깡을 붙이도록 해주세요.
수수깡은 파스텔 톤으로 3~4가지 색을 준비해주세요.

Tip box

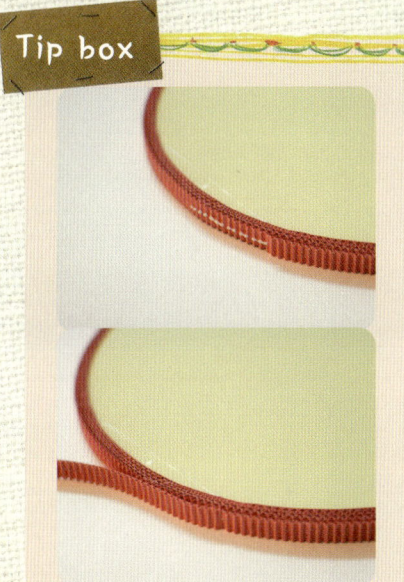

미리 쭉 연결해서 붙이면 작업하기는 편하지만 이어진 면이 눈에 확 띄어 보기가 나쁩니다. 한 줄 끝나면 또 한 줄을 붙여주시는 게 깔끔하고 예쁘게 마무리 된답니다.

08 거울과 골판지의 연결 부위에 진주 비즈를 붙여 깔끔하게 정리해주세요.

PART 2
대인관계 틀을 잡아주는 생일파티 준비하기

아이들에게 생일파티만큼 즐거운 날은 없답니다.
맛있는 음식과 예쁜 선물, 친구들이 함께해서
더욱 즐거운 시간이지요.
이런 날을 계기로 아이에게 친구들과 더욱 사이좋게
지내는 법을 가르칠 수 있다면 효과만점이겠지요?
아이도 좋아하고 친구들도 좋아하는 생일파티 준비,
함께 해볼까요?.

5세 이상 아이가 만들고 엄마가 도와요

09 케이크 그림으로 꾸민 생일파티 초대장

아이들에겐 생일파티만큼 즐거운 일도 없지요? 친구의 생일파티에 초대를 받을 때면 정성들여 축하카드를 만드는 것을 보곤 합니다. 하지만 내 생일날 친구들을 초대하기 위한 초대장은 잘 만들지 않는 것 같아요. 내 손으로 직접 만들어서 친구들을 생일파티에 초대하면 말로 전하는 것보다 훨씬 특별한 초대가 되지 않을까요?

미리 준비하세요

도화지, 네임펜, 가위, 색지 24×4cm, 본드, 리본

01 도화지에 케이크 그림을 그려줍니다.
   아이가 혼자 케이크를 그리기 힘든 나이라면 엄마가 큰 네모와 작은 네모를 그려 넣어 주고 아이는 색만 칠하도록 하는 것도 괜찮습니다.

02 이제 케이크를 꾸며줄 건데요, 그냥 동글동글 작은 원을 그려 넣는 것만으로도 멋진 케이크가 된답니다.

03 가위를 이용해서 테두리 부분을 잘라줍니다.

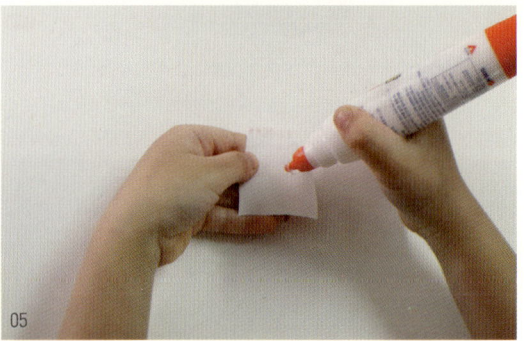

04 색지를 반으로 접어서 카드가 되는 배경지를 만들어주세요.

05 이제 양면테이프나 본드를 이용해서 케이크를 붙일 건데요, 아래쪽에 글씨를 써야 하니까 케이크는 조금 위쪽으로 붙여주시는 게 좋아요.

06 네임펜을 이용해서 간단히 초대의 문구를 적어보는 것도 좋겠지요?

07 네임펜을 이용해서 테두리 부분에 점선을 그려줍니다.

08 가운데 부분에 리본을 하나 붙여서 포인트를 주면 멋진 카드가 완성됩니다

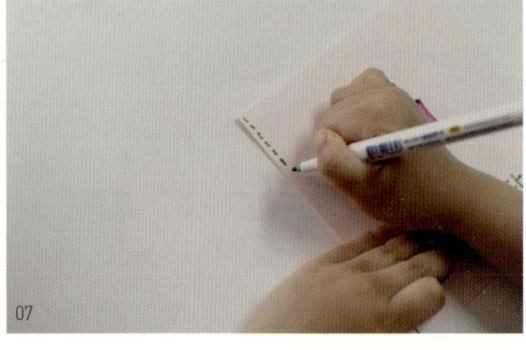

plus item_또 다른 카드 만들기

우리 아이 지문으로 만든 축하카드

아이들은 물감을 만지는 걸 좋아합니다. 아이들이 좋아하는 물감을 손가락에 묻혀서 도화지에 찍어주고 그 모양을 병아리로, 눈사람으로, 나비로 꾸며보세요. 친구를 사랑하는 마음과 함께 아이들의 창의력도 쑥쑥 자란답니다.

미리 준비하세요
색상지, 물감, 골판지, 가위, 리본, 사인펜

01 우선 기본이 되는 8×6cm 흰색 종이와 9×7cm의 하늘색 종이를 준비했습니다. 흰색 종이에 "생일 축하해" "사랑해" 등의 문구를 적어주세요.

<u>아이가 스스로 글씨를 쓸 수 있으면 바로 사인펜으로 쓰도록 해주시고, 아이가 글씨를 쓰지 못하는 나이일 땐 엄마가 먼저 연필로 연하게 글씨를 써주시고 아이가 사인펜으로 따라 쓸 수 있도록 해주시면 됩니다.</u>

04 녹색과 노란색을 이용해서 나뭇잎과 꽃술도 찍어주세요.

05 이제 뒷 배경으로 노란색 골판지를 붙여주시고 테두리를 1cm 정도 남긴 뒤 잘라주세요.

02 이제 흰색과 하늘색 종이를 붙여줍니다.

06 18×12cm 분홍색 골판지를 반으로 접은 뒤 지금까지 만든 종이를 붙여주세요.

03 아이 손가락에 물감을 묻힌 다음 빈 공간에 5~6개 정도의 꽃잎을 찍어주세요.

07 리본으로 포인트를 주시면 예쁜 카드가 완성됩니다.

10 우유팩으로 만든 심플한 선물상자

아이가 친구의 생일파티에 초대를 받았다면 무슨 선물을 해야 할지 고민이지요? 하지만 그보다 더 큰 고민은 어떻게 포장할까 아닐까요? 집에 있는 색종이와 우유팩 등을 활용해서 깜찍하고 세련된 포장을 해보는 건 어떨까요? 만드는 법도 간단해서 아이가 아주 좋아한답니다.

미리 준비하세요

우유팩, 색종이, 양면테이프, OPP 봉투, 빵끈

01 대형 문구점에서 구입할 수 있는 대형 색종이입니다. 이런 색종이가 없으면 보통 포장지를 활용하셔도 좋습니다.

02 반으로 접어서 잘라주세요.

03 우유팩 윗부분을 잘라낸 뒤 겉면에 양면테이프를 붙여보겠습니다. 그냥 한 바퀴 쭉 감아주시면 됩니다.

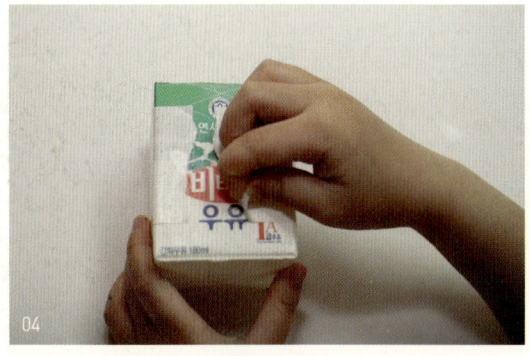

04 양면테이프의 한쪽 면을 벗겨주세요.

05 반으로 접어서 준비해둔 색종이의 가운데 부분에 우유팩을 붙입니다.

06 사진처럼 색종이로 우유팩을 감싸주시면 됩니다. 한꺼번에 붙이시면 중간에 종이가 울 수 있으니까 한 면 한 면 차근차근 붙이는 것이 좋습니다.

07 우유팩의 바닥 부분을 먼저 마무리하도록 하겠습니다.

08 손으로 마주보는 양쪽 면을 눌러주세요.

09 사진처럼 색종이가 반듯하게 펴지도록 손으로 색종이를 정리해줍니다.

10 양쪽 날개처럼 보이는 끝부분에 양면테이프를 붙여주세요.
<u>양면테이프를 너무 넓게 붙이면 나중에 마무리를 했을 때 끈적끈적한 부분이 밖으로 나올 수 있답니다. 양면테이프는 너무 크지 않게 붙여주세요.</u>

11 먼저 한쪽 날개를 붙여줍니다.

12 나머지 한쪽도 붙여주면 이제 바닥 부분은 마무리가 되었습니다.

13 우유팩의 윗부분의 네 모서리에 가윗집을 넣어줍니다.

14 우유팩 위로 올라온 색종이를 우유팩 안으로 접어서 넣어줍니다.

15 아이들이 너무 좋아하는 사탕을 선물로 준비했습니다.

16 OPP 비닐로 마무리를 해줄 건데요, 봉투에 무늬가 있으면 더 예쁘겠죠?
<u>OPP봉투는 요즘 물건 포장에 흔히 사용되는 투명 비닐이에요. 평소 깨끗한 비닐이 생기면 잘 보관해 두셨다가 이렇게 활용하시면 좋습니다.</u>

17 비닐의 양쪽 모서리 부분을 사진처럼 접어서 아랫부분에 스카치테이프를 붙여줍니다.

18 윗부분은 주름을 잡아주세요.

19 빵끈으로 묶어주시면 완성입니다. 빵끈이 없으시면 그냥 리본테이프를 사용하셔도 좋아요.

5세 이상 아이가 만들고 엄마가 도와줘

11 화장지 속심을 이용한 초간단 선물포장

아이들은 아주 작은 물건을 선물로 주고받곤 합니다. 머리핀 같은 작은 액세서리나 사탕 같은 건 포장하기가 정말 힘들죠. 이럴 때 화장지 속심을 활용해보는 건 어떨까요? 예쁜 그림을 그려 친구에게 선물하면 그 자체만으로도 멋진 선물이 된답니다. 아이들 선물포장은 아이들 눈으로 보는 게 가장 중요하니까요.

미리 준비하세요

화장지 속심, 풀, 포장용 비닐, 리본, A4 용지, 색연필

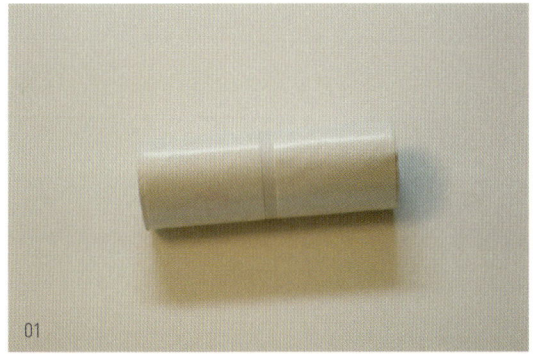

01 화장지 속심을 하나 준비해주세요.

02 A4 용지를 화장지 속심에 맞도록 잘라 예쁜 그림을 그려주세요. 이제 풀을 이용해서 붙여보겠습니다

03 이렇게 하면 포장 케이스는 완성입니다. 어렵지 않죠?

만들기는 쉽지만
정말 깜찍해요~

04 그럼 이제 선물을 케이스 안으로 쏙 넣어주세요.

05 이번에는 케이스를 감싸줄 포장용 비닐을 준비해서 크기에 맞게 잘라둡니다.

06 리본을 묶어서 장식해줍니다.

07 아이들은 리본을 묶는 게 어려우니까 빵끈을 사용하셔도 좋아요.

plus item_화장지 속심의 또 다른 활용

화장지 속심으로 만든 망원경

아이들은 별 것 아닌 장난감을 갖고도 참 잘 놉니다. 특히 친구들이 모였을 때는 이런 장난감 하나 갖고 있으면 인기 폭발이지요. 아이들이 좋아하는 망원경 하나 만들어보세요. 멀리 보이지는 않지만 기분은 제대로 낼 수 있답니다.

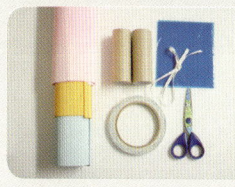

미리 준비하세요

화장지 속심 2개, 셀로판지(파랑, 투명), 가위, 실리콘, 양면테이프, 리본테이프, 골판지

01 파란색 셀로판지를 4등분하여 2장 준비하고, 화장지 속심 한쪽 끝에 양면테이프를 감아주세요.

06 화장지 속심에 양면테이프를 세 번 정도 감아준 뒤 골판지를 잘라 김밥을 싸듯이 돌돌 말아서 글루건으로 마무리해주세요.

02 셀로판지를 바닥에 놓고 화장지 속심을 세워서 한쪽 면씩 붙여나갑니다. 반대쪽은 투명 셀로판지를 같은 방법으로 붙여주세요.

07 이렇게 해서 2개가 모두 준비되면 리본테이프가 양옆으로 가도록 해서 가운데를 붙여주세요.

03 다 붙인 뒤 정리해주시면 이런 모양이 된답니다.

08 그냥 여기까지만 하면 조금 밋밋해 보이니까 노란색 골판지로 한 바퀴 둘러주었습니다.

04 이제 목에 걸 수 있도록 끈을 달아볼 건데요, 화장지 속심의 끝부분에 양면테이프를 세로로 붙이고 리본테이프를 붙입니다.

09 자투리 분홍 골판지를 잘라 붙여서 살짝 장식을 해볼까요? 한결 예쁘죠?

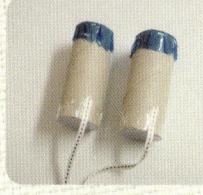

05 이렇게 양쪽을 연결해서 리본테이프를 붙여주시면 됩니다.

10 멋진 망원경이 완성되었습니다.

오후 주 맘마가 만들어 아이가 좋아서

12 특별한 분위기를 만들어주는 파티풍선

아이들은 풍선을 보는 것만으로도 좋아합니다. 특히 생일 같은 날은 풍선으로 멋진 장식품을 만들면 친구들의 부러움을 한몸에 받게 되죠. 집안 가득 아이들이 좋아하는 풍선으로 채워주세요. 풍선을 던져보기도 하고 발로 차기도 하고, 그것만으로도 아이들은 신나합니다.

미리 준비하세요

풍선, 리본테이프, 펌프, 스카치테이프

01 아이와 함께 색색의 풍선을 불어보세요. 어른들은 펌프를 이용하는 게 쉬운데 아이들은 펌프가 더 어렵다고 합니다. 아이들이 하고 싶은 방법으로 하도록 해주시는데, 풍선 부는 일이 생각보다 어려우니까 엄마가 많이 도와주셔야 합니다.

02 여러 가지 색깔의 풍선을 이용하시는 게 좋지만 통일감 있게 하시려면, 핑크계열, 블루계열, 퍼플계열 등으로 비슷한 색끼리 섞어주시는 게 좋아요.

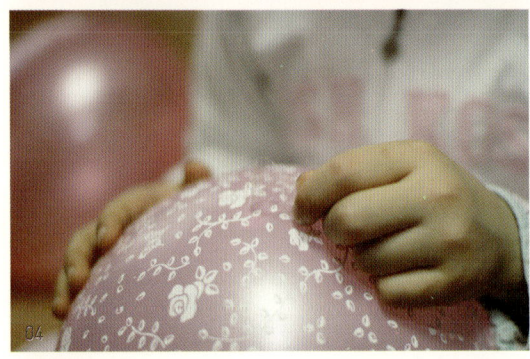

03 이제 거실 가득 채워진 풍선들에 리본테이프를 묶어줄 건데요, 끈 길이를 충분히 길게 하되 아이들 손에는 닿지 않을 정도로 조절해주세요. 초대된 아이들이 끈을 잡아당기면 파티가 시작되기 전에 풍선이 떨어져버리니까요.

04 이제 테이프를 붙여볼 건데요, 테이프는 널찍한 스카치테이프를 이용하시는 게 가장 좋습니다.

05 풍선을 천장에 붙여줍니다.

06 붙이실 땐 색이 너무 한쪽으로만 치우치지 않도록 해주시는 게 포인트예요.

07 몇 가지 장식품을 함께 장식하면 더욱 멋진 생일 파티 분위기를 만들 수 있습니다.

plus item_다른 디자인 만들어보기

생각보다 만들기 쉬운 풍선 꽃

아이들이 좋아하는 풍선 아트. 하지만 제품으로 나와 있는 것을 사려면 가격이 만만치 않아 망설이게 됩니다. 이럴 때를 대비해 몇 가지 풍선 아트를 배워두면 좋은데요, 아이들이 특히 좋아하는 꽃 만들기를 해보겠습니다.

미리 준비하세요

보통 크기의 보라색 풍선 5개, 작은 크기의 분홍색 풍선 5개, 흰색 풍선 1개, 펌프, 스카치테이프 넓은 것

01 분홍색 풍선 5개와 흰색 풍선 1개를 같은 크기로 불어줍니다.

06 이제 보라색 풍선을 불어서 각각 2개와 3개로 묶어주세요.

02 이제 풍선을 2개씩 묶어주세요. 분홍색 풍선 2세트, 분홍색과 흰색 풍선 1세트가 만들어졌지요?

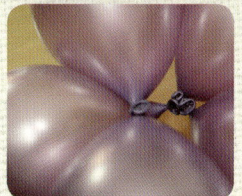
07 풍선을 사진처럼 끼워줍니다. 역시 풍선끼리 돌려서 고정을 시켜주면 됩니다.

03 2개씩 묶은 풍선을 서로 교차시켜서 고정시켜줍니다. 풍선끼리 서로 돌려주면 간단하게 고정됩니다.

08 이제 보라색 풍선 위에 미리 만들어둔 작은 꽃 풍선을 올려줍니다.

04 나머지 풍선도 끼워서 고정하는데, 흰색 풍선이 위로 오도록 해주세요.

09 큰 풍선과 작은 풍선을 꼬아서 고정시켜줍니다. 풍선이 터지지 않을까 걱정을 많이 하시는데, 그런 걱정 안 해도 되니까 과감하게 돌려보세요.

05 위에서 봤을 때의 모습입니다. 커다란 꽃을 가운데 하나만 장식하려면 지금까지 만든 작은 꽃을 양쪽에 붙이셔도 좋아요.

10 이렇게 해서 완성되었습니다. 스카치테이프로 붙이기만 하면 되겠죠?

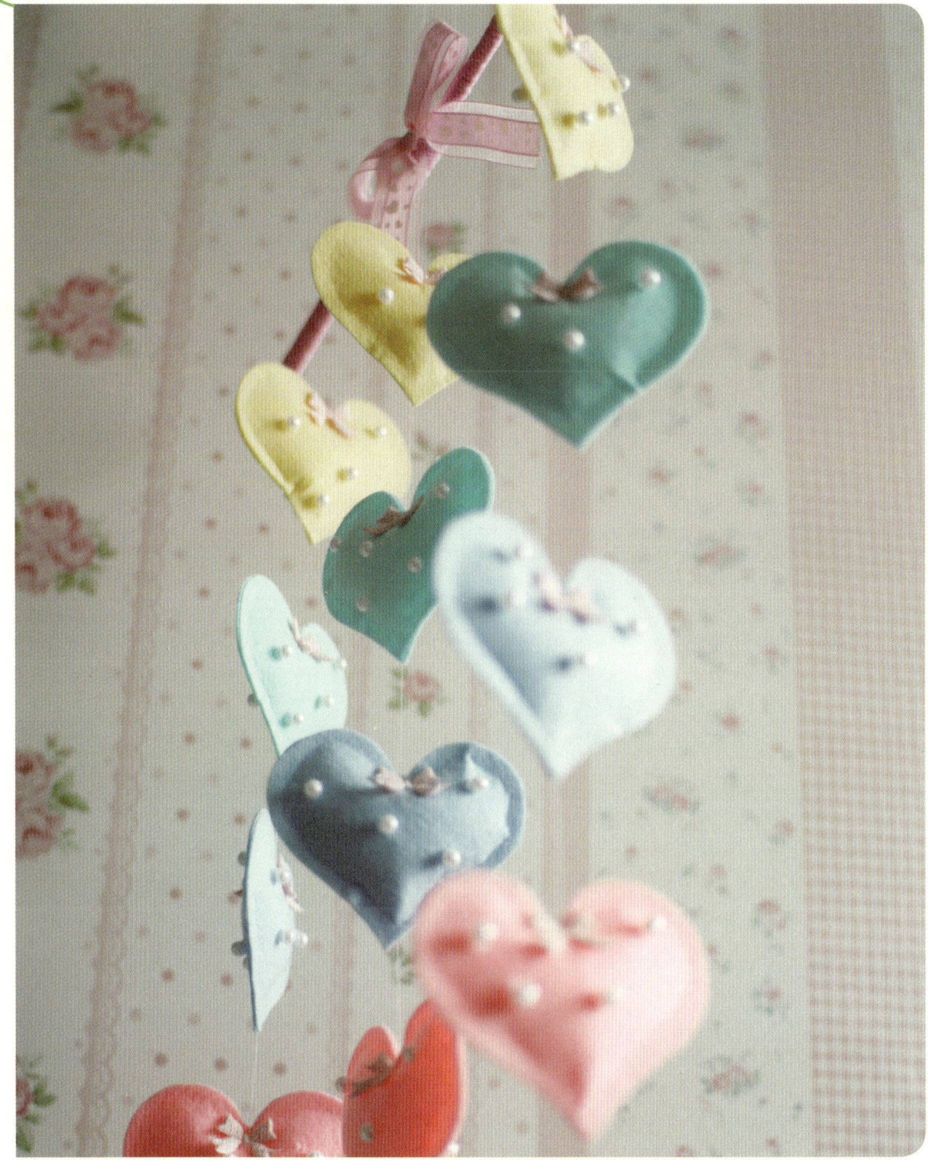

13 사랑스러운 느낌의 하트 모빌

소프트한 컬러의 펠트를 활용해서 모빌을 만들어보겠습니다. 이런 작은 장식이 집안의 분위기를 달라지게 한답니다. 특히 여자아이들은 친구들을 초대했을 때 이런 소품을 자랑스러워하더라구요. 생일날 친구들을 집으로 초대한다면 이런 작은 배려, 잊지 마세요.

미리 준비하세요

펠트(노랑, 민트색, 하늘색, 분홍), 솜, 비즈, 낚싯줄, 하트 템플릿, 가위, 실리콘이나 본드, 나무젓가락, 지끈, 리본 테이프, 리본

01 펠트에 템플릿을 대고 하트 모양을 그려줍니다. 색깔별로 6개씩의 하트가 필요합니다. 하트 템플릿이 없으면 두꺼운 도화지에 하트를 그린 뒤 오려서 활용하면 된답니다.

02 하트를 마구마구 그려주세요~

03 잘 드는 가위를 이용해서 하트를 하나씩 오려주세요.

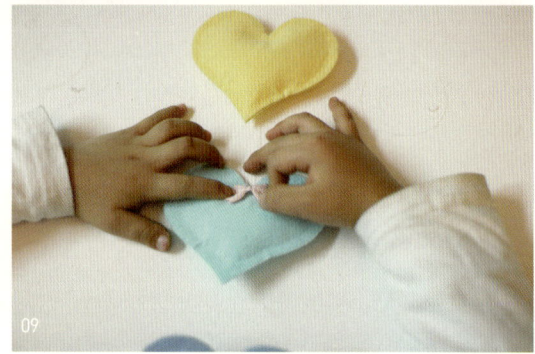

04 노랑, 민트색, 하늘색, 분홍 순으로 하트를 모아주세요.

05 하트 가운데로 낚싯줄을 붙여야 하니까 실리콘이나 본드를 세로 방향으로 조금 짜주세요.

06 실리콘이 굳기 전에 세로 방향으로 낚싯줄을 붙여줍니다.

07 본격적으로 하트를 만들어볼 건데요, 창구멍을 제외하고 실리콘이나 본드를 발라주세요.

08 하트에 솜을 넣어주세요.

09 이제 창구멍을 실리콘이나 본드로 마무리하고 리본을 붙여주세요.

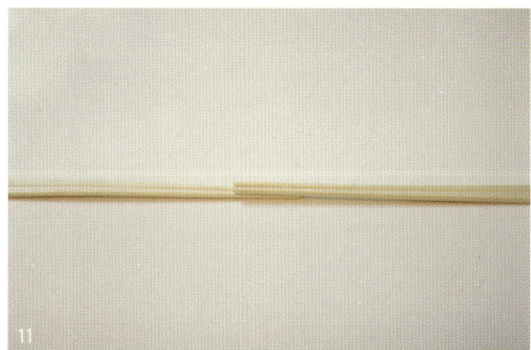

10 균형을 보아가며 비즈를 하나씩 붙여주세요.

11 나무젓가락 두 개를 연결해줄 건데요, 가는 부분을 5cm 정도 서로 겹쳐서 붙여주세요.
   이때도 본드나 실리콘을 사용합니다.

12 준비된 나무젓가락에 지끈을 천천히 감아나갑니다.

13 연결된 하트들을 지끈으로 장식한 나무젓가락에 연결해주세요.

14 나무젓가락의 가운데 부분에 포인트가 되는 리본을 하나 붙여주세요.

15 완성된 모습입니다.

5세 이상 아이가 만들고 엄마가 도와요

14 달콤한 마음을 전하는 사탕목걸이

아이들 생일이면 유치원에서 꼭 준비하는 게 사탕목걸이예요. 만들기 쉬우니까 집에서도 한번 해보세요. 아이와 함께 만들면 미리 생일파티 기분도 느낄 수 있어서 정말 즐겁답니다. 생일날 고깔모자와 함께한다면 더욱 근사하겠지요?

미리 준비하세요

선물 포장용 비닐, 사탕, 스카치 테이프, 리본

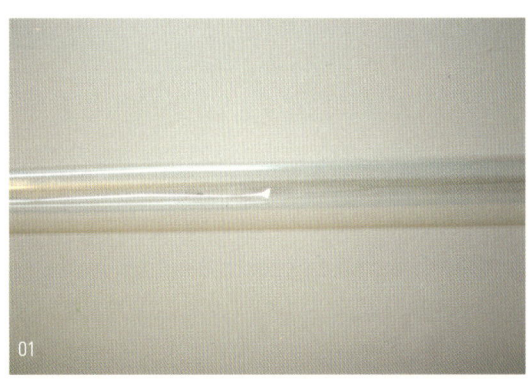

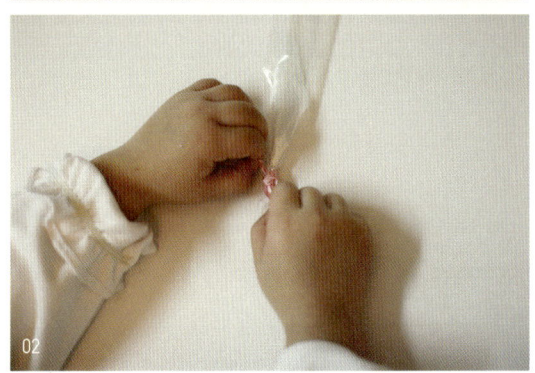

01 포장용 비닐을 안에 사탕이 들어갈 정도로 자연스럽게 말아주시고, 바깥쪽은 스카치테이프로 붙여주세요.
유치원에서는 대부분 사탕목걸이용 비닐을 사용합니다. 보육사에 가면 구할 수 있지만 워낙 큰 단위로 판매하기 때문에 한두 번 만드는 건 포장용 비닐을 사용하시는 게 경제적이에요.

02 안에 사탕을 넣어도 아래로 빠지지 않도록 리본으로 한쪽 끝을 묶어줍니다.

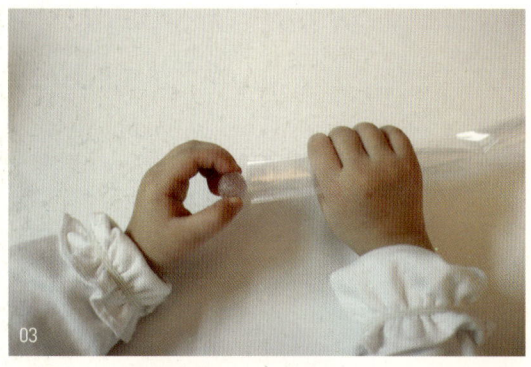

03 아이가 비닐 안으로 사탕을 넣을 수 있도록 지도해주세요.
별 것 아닌 것 같은데, 아이들은 정말 좋아한답니다.

04 비닐의 길이를 감안해서 사탕 개수를 조절해주세요.

05 그럼 이제 사탕과 사탕 사이를 리본테이프로 하나하나 묶어주세요.
리본을 매는 간단한 작업도 아이들은 어려워한답니다. 그냥 일반적으로 묶는 방법을 이용해 2번 정도 묶도록 지도해주세요.

06 이제 비닐의 양쪽 끝을 함께 묶어서 마무리를 해주면 되겠지요?
길이가 너무 짧아 아이 머리에 안 들어가면 리본의 길이를 적당히 조절해주세요.

07 이렇게 해서 깜찍한 사탕목걸이가 완성되었습니다. 정말 예쁘지요?

plus item_사탕의 또 다른 변신

빨대를 활용해서 만든 사탕부케

'부케' 하면 왠지 만들기 복잡할 것 같은 느낌이 들지만 아이들을 위한 사탕부케는 아주 간단하게 만들 수 있답니다. 막대사탕만 한 봉지 사오면 아이들이 정말 좋아하는 사탕부케를 만들 수 있죠. 아이를 축하해주고 싶은 날, 함께 만들어보세요.

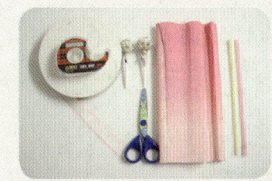

미리 준비하세요

사탕, 빨대, 주름지, 리본테이프, 스카치테이프, OPP 비닐, 고무줄, 가위

01 막대사탕의 포장을 벗겨주세요.

06 준비한 사탕을 모아 쥐고 고무줄로 고정을 해주면 모양이 흐트러지지 않는답니다.

02 OPP 비닐을 가로 세로 10cm 정도 크기로 잘라 사탕을 감싸주세요.

07 주름지 한쪽 끝을 손으로 살살 편 뒤(198페이지 참고) 사탕 뭉치를 감싸주세요.

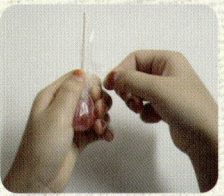
03 비닐의 끝자락을 모두 모아 쥐고 스카치테이프를 붙여서 마무리합니다.

08 리본을 이용해서 묶고 예쁘게 매듭을 만들어줍니다.

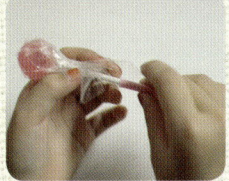
04 사탕의 막대 부분을 빨대 안에 집어넣습니다.

09 삐쭉삐쭉 튀어나온 빨대들은 가위로 잘라서 깔끔하게 마무리를 해주시면 됩니다.

05 사탕이 빠지지 않도록 빨대 끝부분에 스카치테이프를 살짝 붙여서 고정해주세요.

10 아이들 재롱잔치나 유치원 입학, 졸업식 때 저렴하게 딱 좋아요. ^^

PART 3
컬러감각을 키워주는 패션소품 만들기

한창 멋 내는 데 관심이 많아진 아이를 보고 있으면
웃기기도 하고 대견하기도 합니다.
바로 이럴 때, 아이와 함께 멋 내기 아이템을 만들며
컬러감각을 키워주는 건 어떨까요?
이 참에 진짜 멋이 무엇인지 가르쳐주는 거죠.
아이들이 가장 좋아하는 게
바로 패션소품 만들기일 거예요.

 ★★☆☆☆ 5세 이상 엄마가 만들고 아이가 도와요

15 손 염색으로 만든 예쁜 손수건

 염색은 아이들과 함께 할 수 있는 아주 재미난 놀이랍니다. 자기 손으로 직접 독특한 문양을 만들어내면 아이들이 정말 좋아하지요. 또 직접 사용할 수 있으니 더욱 좋지요. 염색된 손수건을 직접 펼쳐보는 순간, 아이들은 마술에 걸린 것처럼 즐거워한답니다.

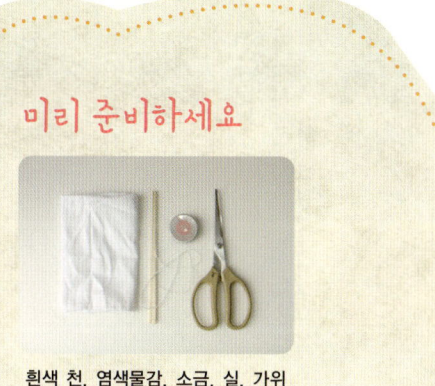

미리 준비하세요

흰색 천, 염색물감, 소금, 실, 가위

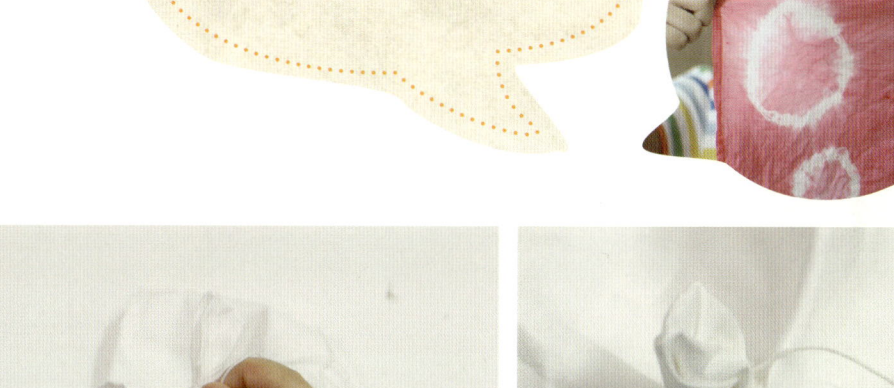

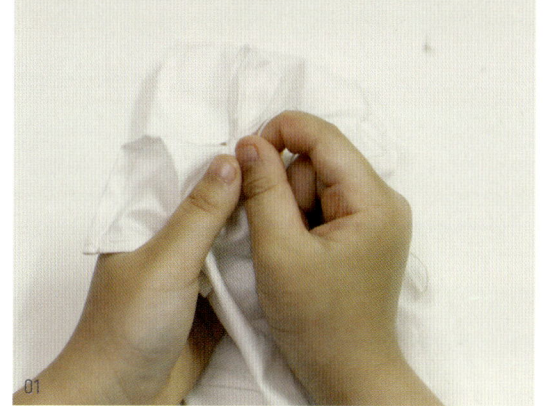

01 자투리 천이나 흰색 손수건을 실로 묶어줍니다. <u>가능하면 세게 묶어야 하기 때문에 엄마가 해주시는 게 좋아요. 느슨하게 묶으면 속까지 전부 염색이 되어버리거든요.</u>

02 전체적인 균형을 생각하면서 5~6군데 정도 묶어 주세요.

03 다 묶었으면 천을 물에 한 번 담가줍니다. 그래야 염색이 골고루 잘 되거든요.

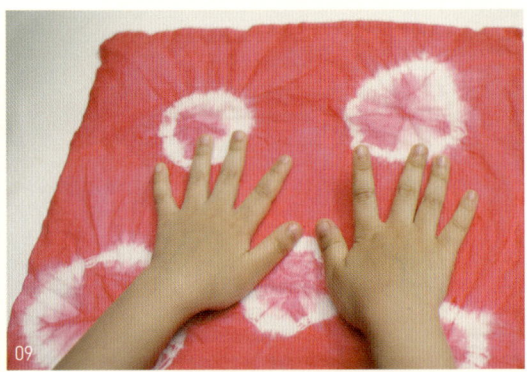

04 냄비에 물을 넣고 끓이는데, 물이 끓으면 소금을 한 줌 넣고 염색물감을 넣어줍니다. 원하는 색보다 조금 더 진한 색이 나올 정도로 농도를 조절해주세요.

05 나무젓가락으로 휘휘 저어서 물과 물감이 골고루 섞이면 손수건을 넣습니다.

06 어느 정도 염색이 되어 가는지 중간 중간 확인을 해주세요. 너무 오래 담가두면 매듭 속까지 염색이 될 수 있으니까 1~2분 정도 뒤에 젓가락으로 살짝 들어보시고 골고루 염색이 되었으면 불을 끄고 손수건을 꺼내주세요.

07 손수건을 흐르는 물에 깨끗하게 헹궈줍니다.

08 이제 묶어두었던 실을 잘라내시면 됩니다.

09 손수건을 바닥에 펼쳐주세요.

10 이제 탁탁 털어서 건조대에 말려주기만 하면 됩니다.

plus item_염색의 또 다른 방법

염색용 색종이를 활용한 초간단 염색

다리미질 한 번으로 뚝딱 끝낼 수 있는 염색이 있답니다. 바로 염색용 색종이를 활용하는 것이지요. 아이들이 얼마나 신기해하는지, 함께 작업하는 것만으로도 큰 즐거움이 된답니다. 밋밋한 아이 옷에 장식을 넣어보세요.

미리 준비하세요

염색용 색종이, 염색할 옷, 가위, 연필, 풀, 다리미, 다리미판

01 염색용 색종이의 뒷면에 연필로 그림을 그립니다. 지금은 튤립을 해볼 거라 빨간 색종이의 뒷면에 꽃을 그려보았습니다.

06 준비한 도안을 옷감 위에 올려주세요. 물론 이때는 색상 부분이 옷 쪽으로 가도록 뒤집어 올려주세요.

02 가위로 꽃을 오려두고, 이번엔 녹색 색종이의 뒷면에 튤립 줄기와 잎을 그려줍니다.

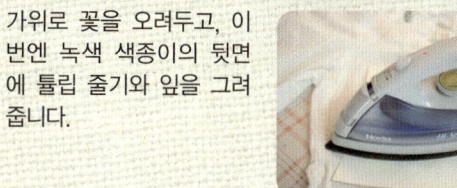
07 다리미를 뜨겁게 달구어서 종이 위에 놓고 위에서 누르듯이 다려주세요.

03 함께 들어 있는 하얀 종이에 준비한 꽃과 잎을 올려놓고 자리를 잡아보세요.

08 하얀색 종이를 떼어내면 색종이가 붙어 있는 종이만 옷감 위에 딱 달라붙어 있답니다.

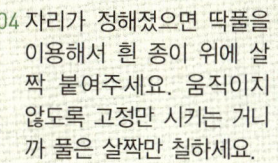
04 자리가 정해졌으면 딱풀을 이용해서 흰 종이 위에 살짝 붙여주세요. 움직이지 않도록 고정만 시키는 거니까 풀은 살짝만 칠하세요.

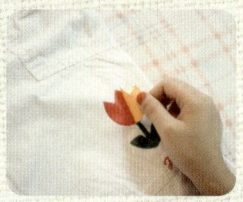
09 이제 붙어 있던 종이만 제거하면 됩니다. 요건 아이들에게 직접 해보도록 하면 정말 좋아해요.

05 다리미판 위에 염색할 옷을 펼쳐놓습니다.

10 짜잔~ 이렇게 해서 초간단 염색이 완성되었습니다!

5세 이상 엄마가 만들고 아이가 도와요

16 사랑스러운 하트가 있는 소품가방

톡! 톡! 펀치를 찍는 아이들의 입에 함박웃음이 피어납니다. 똑같은 모양으로 계속 찍혀 나오는 종이들을 볼 때면 정말 입이 귀에 걸린다는 표현이 맞을 것 같아요. 펀치를 찍는 즐거움과 예쁜 가방을 만드는 기쁨이 더해져서 아이의 행복이 커져갑니다.

미리 준비하세요

25×40cm 분홍색 종이, 진분홍색 종이, 핑킹가위, 아세테이트지, 펀치, 본드, 스카치테이프, 가위, 손잡이용 끈, 다공펀치 또는 송곳

01 미리 준비해두신 20×40cm의 종이를 반으로 접어주세요.
<u>지금 만들어볼 가방은 25×20cm 크기의 가방입니다.</u>

02 가방의 윗부분에 포인트로 들어갈 진분홍색 종이도 미리 준비해주세요.

03 진분홍 종이는 그냥 직선으로 잘라도 되지만 이번엔 핑킹가위를 이용해서 잘라보겠습니다.

04 분홍색 종이 상단에 본드를 살짝 칠하거나 양면테이프를 붙여주세요.

05 그 위에 진분홍색 종이를 살짝 눌러서 붙여줍니다.

06 미리 치수를 재서 잘라주셨음 상관없고요, 저처럼 치수를 안 재고 준비했다면 양쪽으로 튀어나온 부분을 가로로 잘라주시면 됩니다.

07 이제 상단에서 쓰였던 진분홍색 종이를 하트 모양 펀치로 찍어주세요.

08 본드칠을 해가면서 하트를 하나하나 붙여주세요. <u>나이가 어린 친구들은 본드를 한 손으로 짜기가 어려워요. 그럴 땐 엄마가 본드를 조금씩 짜주시고 그 위에 아이가 하트를 붙일 수 있도록 지도해주세요.</u>

09 이제 가방의 안쪽이 보이도록 펼쳐주세요. 그 위를 아세테이트지로 감싸고 스카치테이프로 붙여주세요. <u>아세테이트지를 접을 때는 손톱으로 쭉 긁어주시면 쉽게 접힙니다.</u>

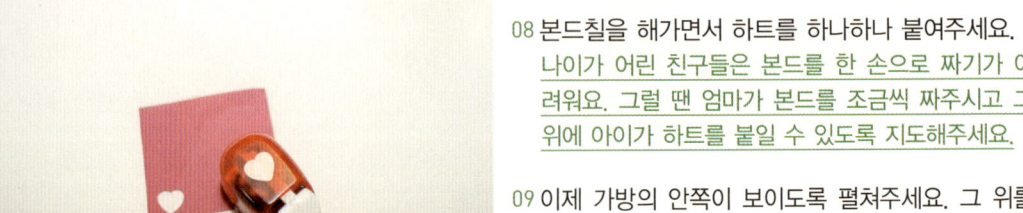

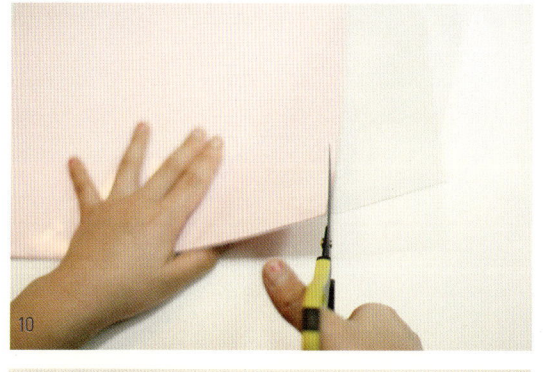

10 이제 종이의 크기에 맞게 옆선을 가위로 잘라줍니다.

11 종이 크기 대로 아세테이트지도 마무리가 되었습니다.

12 반으로 접어서 가방 모양으로 만들고 양쪽 옆선은 스카치테이프로 붙여줍니다.

13 손잡이용 끈은 간단하게 끼우기만 하면 됩니다.
<u>손잡이 구멍을 뚫을 때는 구멍 뚫을 자리를 손잡이용 끈으로 살짝 눌러서 표시를 해두면 좋아요.</u>

14 다공펀치를 이용해서 구멍을 뚫어보겠습니다. 다공펀치가 없으면 송곳으로 뚫어주세요.

15 구멍으로 손잡이를 넣어 고정시켜줍니다.

16 반대쪽도 손잡이를 끼워주시면 예쁜 가방 완성입니다.
<u>지금은 간단하게 손잡이 끈을 이용했지만 아세테이트지 자투리가 남았다면 그걸 끈으로 사용하셔도 된답니다.</u>

Part 3 컬러감각을 키워주는 패션소품 만들기

17 달콤한 느낌의 펠트 핸드백

요즘엔 펠트도 참 다양해졌어요. 촉감도 부드럽고 색깔도 아주 사랑스럽죠. 이런 소재로 아이들 가방을 만들어보면 어떨까요? 특히 여자아이들은 핸드백을 아주 좋아한답니다. 한창 멋부리고 싶어 하는 딸아이를 위해 예쁜 핸드백 하나 만들어보세요.

미리 준비하세요

펠트, 글루건, 색지, 리본, 가위

가벼워서 더욱 좋아요!

01 먼저 펠트를 재단할 거예요. 원하는 가방 크기의 2배 길이로 재단해주세요. 폭은 가방 크기대로 재단하면 되고요.
<u>20×15cm의 가방을 만들려면 20×30cm로 재단하시면 되겠죠?</u>

02 같은 소재로 끈을 만들어 실리콘으로 붙여주세요. 가방을 접어서 붙이면 위치 잡기가 좋답니다.
<u>손잡이나 가방 양쪽 끝에 스티치를 넣어주면 더 귀엽답니다.</u>

별이나 꽃모양 장식을 만들어도 좋답니다.

03 가방을 다시 펼쳐놓고 양쪽 끝에 실리콘을 발라 서로 맞붙여주세요.

04 이제 가방 앞에 장식할 하트를 만들 건데요, 두 가지 색의 색지를 같은 넓이로 길쭉하게 잘라서 준비합니다.

05 바구니를 짜듯이 한 줄은 아래로, 한 줄은 위로 격자로 짜주세요.
<u>가끔 본드로 콕콕 찍어주면 고정이 되어 모양이 흐트러지지 않는답니다.</u>

06 같은 방법으로 원하는 하트 크기나 나올 때까지 짜주세요.

07 뒤쪽에 연필로 하트 모양을 그리고 가위로 오려주세요.

08 실리콘을 이용해 가방 앞에 붙여주세요.

09 리본도 하나 붙여서 장식해주세요.

Part 3 컬러감각을 키워주는 패션소품 만들기

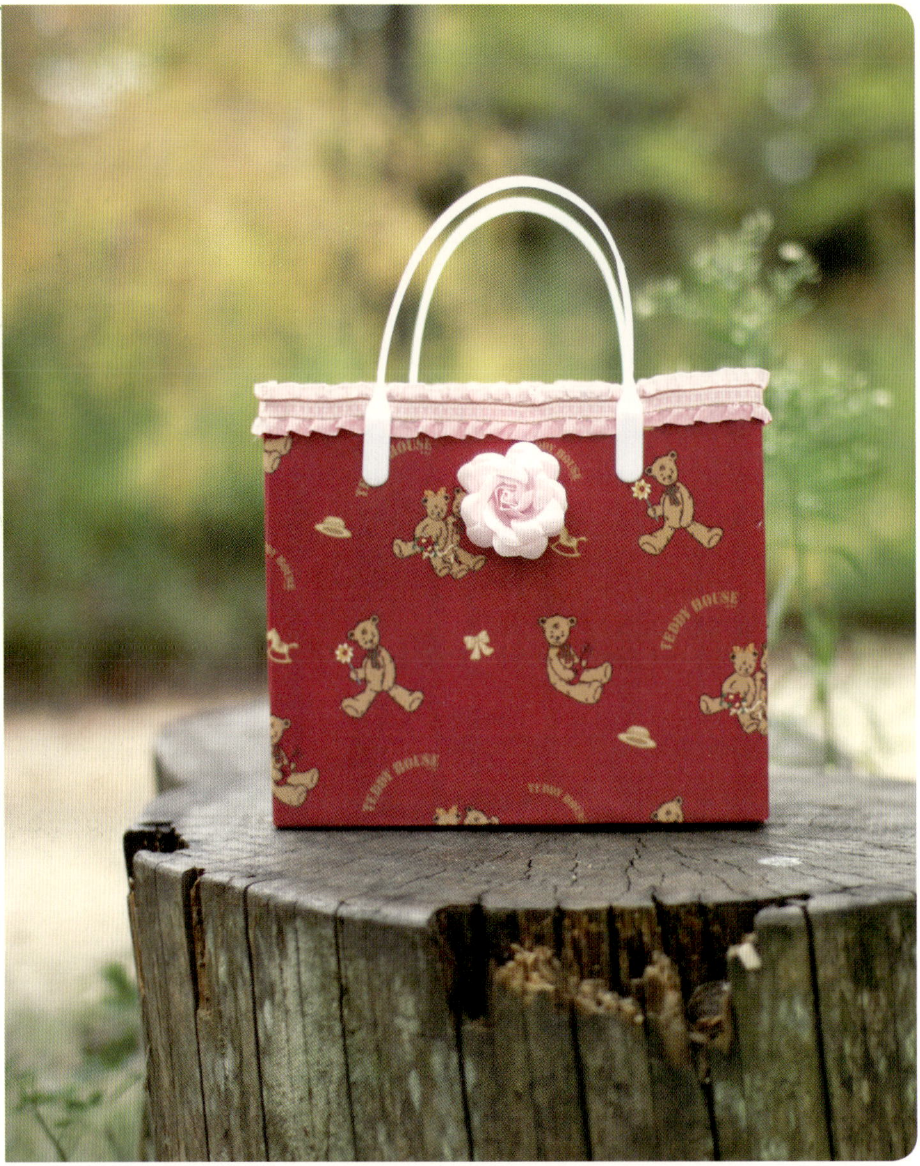

18 상자를 재활용한 깜찍이가방

여자아이들은 가방을 정말 좋아합니다. 어디 가까운 곳에라도 나가려면 벌써 가방에 인형 넣고 사탕 넣고……. 나중에 보면 제가 좋아하는 건 다 챙겨갖고 나왔다니까요. 더욱이 직접 만든 가방이라면 외출했을 때 또래친구들이 정말 부러워하지 않을까요? 옷 색깔에 맞춰서 깜찍한 가방 하나 들면 포인트도 되고 예쁘겠지요?

미리 준비하세요

상자, 포장지, 가방끈, 양면테이프, 리본, 조화, 풀, 가위, 글루건

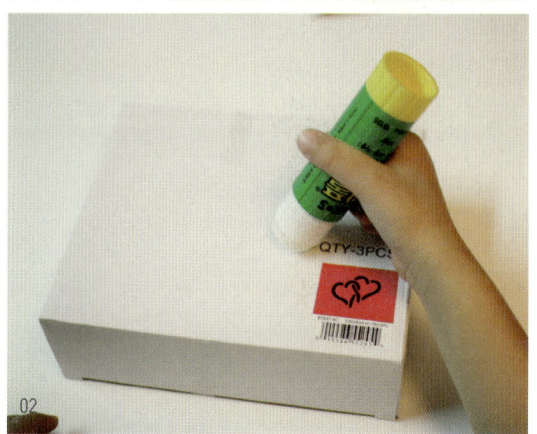

01 적당한 크기의 상자를 구해서 입구의 여닫이 부분만 깔끔하게 잘라주세요.
이건 아무래도 가위를 사용해야 하니까 엄마가 도와주시는 게 좋아요.

02 상자에 꼼꼼하게 풀칠을 해주세요.

03 상자를 충분히 감싸줄 수 있는 크기의 포장지를 깔고 풀칠해둔 상자를 조심해서 붙여줍니다. 옆쪽도 꼼꼼하게 풀칠을 해서 종이를 붙이는데, 특히 모서리 부분을 신경 써서 풀칠해야 더욱 예쁜 가방이 된다는 것도 기억해주세요.

Part 3 컬러감각을 키워주는 패션소품 만들기

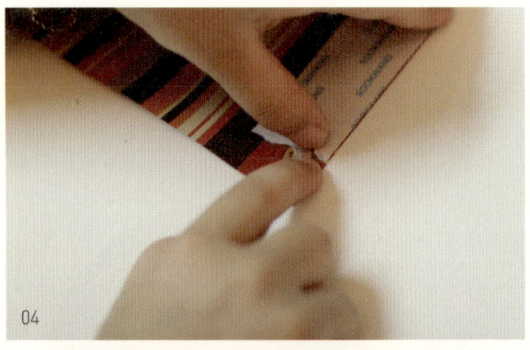

04 마무리는 양면테이프를 이용하는 것이 한결 깔끔하답니다.

05 이제 가방의 아랫부분을 마무리할 거니까 상자를 뒤집어주세요.

06 이제 접어볼게요. 일반 포장법으로 하면 되는데요, 우선 양쪽 옆을 상자 각에 맞춰 접어주세요.

07 아랫부분을 위로 접어 올리고 윗부분을 접어서 내려주면 마무리가 됩니다. 이때는 본드나 양면테이프, 어떤 걸 쓰셔도 상관없습니다.

08 이제 상자의 윗부분을 만들어보겠습니다. 모서리 부분에 가윗집을 넣어서 종이가 깔끔하게 안으로 접히게 해주세요.

09 이제 안으로 넣어서 붙여줍니다.

10 마무리가 되었으면 입구 쪽에 양면테이프를 한 줄 감아주세요.

11 양면테이프를 떼어가면서 리본을 붙여줍니다. 어른들은 그냥 쭉 떼어서 끝부분만 잘 맞추면 되는데, 아이들은 그렇게 과감하지 못해서 조금 떼서 조금 붙이고 조금 떼서 조금 붙이곤 하네요.

12 이제 가방에 손잡이를 달아줄 거예요. 손잡이 부착 부분에 볼록 튀어나온 곳이 있는데, 그 부분을 손으로 꽉 눌러주면 가방에 자국이 남습니다. 그 부분을 송곳으로 살짝 구멍을 내주면 된답니다.

13 같은 방법으로 손잡이를 양쪽 다 달아주세요.

14 집에 조화가 있어서 하나 붙여봤어요. 한결 멋스럽죠?

Part 3 컬러감각을 키워주는 패션소품 만들기 99

5세 이상 아이가 만들고 엄마가 도와요

19 가볍고 사랑스러운 종이접시 핸드백

집들이나 야외에서 흔히 사용하는 종이접시. 이 평범한 물건도 아이들에게는 재미있는 만들기 소재가 된답니다. 종이접시 두 개를 마주붙이고 끈만 달아주면 작은 핸드백이 하나 뚝딱! 플라스틱 끈이나 예쁜 리본을 달아주면 멋진 패션소품이 되지요.

미리 준비하세요

종이접시 2개, 손잡이, 리본, 칼, 자, 연필, 골판지 한 줄, 수수깡, 본드, 송곳, 가위

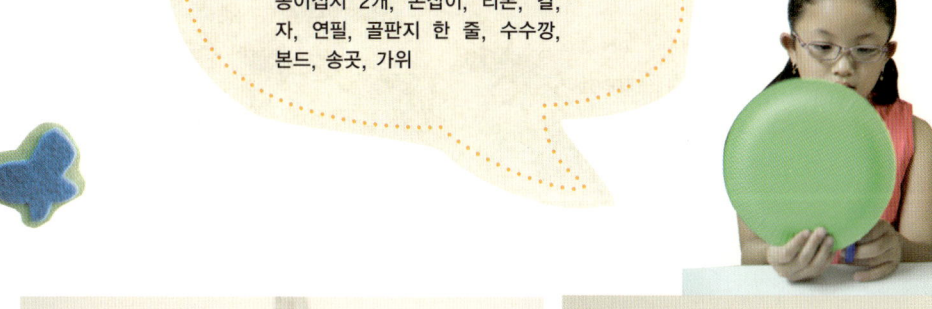

01 종이접시를 뒤집어놓고 3분의 1 지점에 선을 하나 그어줍니다.

02 선 부분을 가위로 잘라주세요.
<u>아이가 자를 때는 한 장씩 해야 하지만 엄마가 도와주실 때는 두 장을 겹쳐서 한꺼번에 자르면 더 편하답니다.</u>

03 잘라놓은 종이접시에 플라스틱 손잡이를 대고 꾹 눌러 구멍 뚫을 자리를 표시해줍니다.

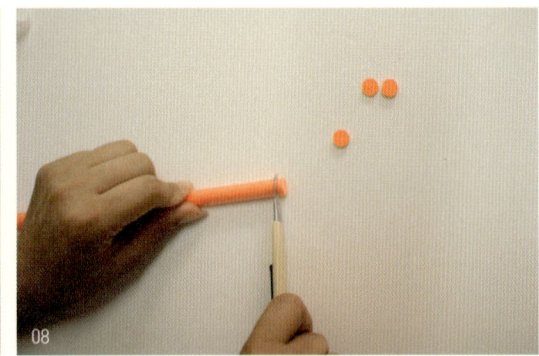
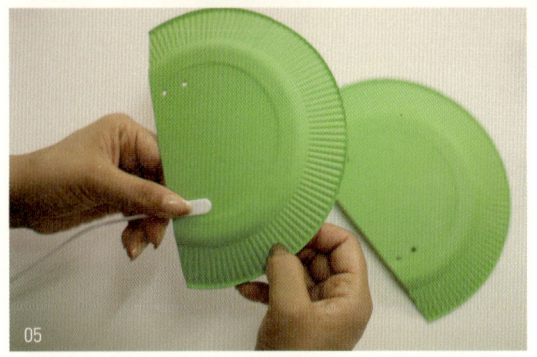

04 송곳을 이용해서 구멍을 뚫어주세요.

05 뚫어놓은 구멍에 손잡이를 끼워주세요.
<u>손잡이를 끼울 땐 손잡이의 앞면과 뒷면을 잘 확인한 뒤 끼워주세요.</u>

06 테두리 안쪽에 본드칠을 꼼꼼하게 해서 종이접시가 서로 마주보도록 붙여줍니다.
<u>실리콘을 사용하면 금방 마르긴 하지만 그만큼 빨리 떨어집니다. 시간이 조금 걸리더라도 본드를 사용하시는 것이 좋습니다.</u>

07 가방 앞쪽에 골판지를 한 줄 붙여서 장식을 해줄 건데요, 골판지 뒤쪽에 본드칠을 해서 손잡이 아래쪽으로 붙여주세요.

08 수수깡을 5mm 두께로 잘라주세요.
<u>아이가 칼이나 송곳을 사용할 땐 엄마가 도와주셔야 안전하겠죠?</u>

09 수수깡 조각을 골판지 위에 하나씩 붙여줍니다.
<u>나이가 어린 아이들은 엄마가 본드를 한 방울씩 찍어서 그 자리에 수수깡을 붙이도록 지도해주세요.</u>

10 리본을 예쁘게 묶어서 가운데 부분을 장식해주시면 깜찍한 핸드백 완성입니다.

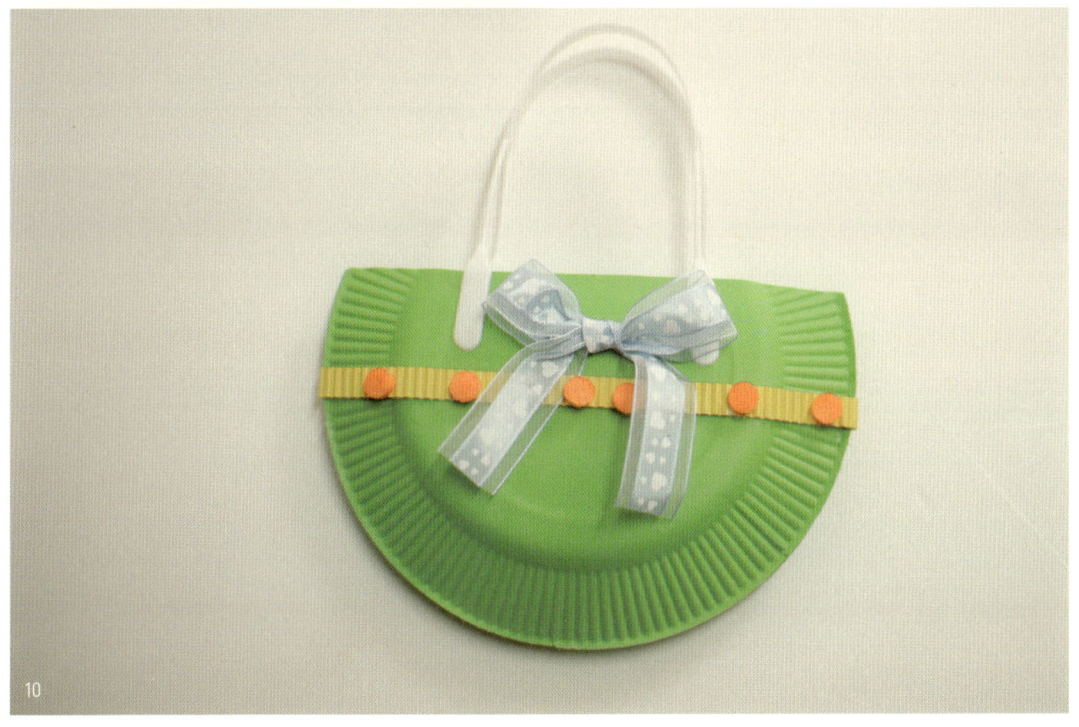

plus item_종이접시의 또 다른 활용
종이접시로 만든 독특한 선캡

아이와 함께 외출할 때 직접 만든 깜찍 발랄한 선캡을 씌워보세요. 아이가 좋아하는 스티커를 붙이거나 예쁘게 색칠해서 꾸미면 아이들이 특히 좋아한답니다. 모자 쓰기 싫어하는 아이들, 많잖아요? 그런 아이들도 자랑삼아 쓰게 되어 있어요!

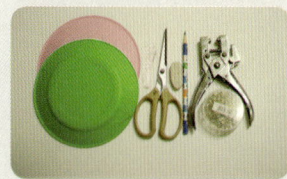

미리 준비하세요
종이접시 2장, 고무줄, 가위, 아일렛 펀치, 아일렛 심, 연필, 지우개

01 종이접시 위에 다른 종이접시를 대고 테두리를 그려줍니다.
모자 둘레는 아이의 머리 크기에 맞추면 되는데, 모자의 창이 작아질수록 모자의 사이즈는 커집니다.

02 0.5~2cm 정도 여유를 두고 원을 하나 더 그려줍니다.

03 두 번째 그린 원을 가위로 오려줍니다.

04 모자가 이마에 닿는 부위를 만들 거예요. 이마에 자국이 남거나 아프면 안 되잖아요? 안쪽 선까지 1~2cm 간격으로 칼집을 넣어주세요.

05 이제 지우개를 이용해서 처음에 그렸던 연필선을 지워줍니다.

06 아일렛 펀치를 이용해서 구멍을 뚫어주세요.
아일렛을 이용하면 더 튼튼한 구멍을 만들 수 있지만, 아일렛 펀치가 없으면 그냥 송곳을 사용하세요.

07 구멍에 아일렛 심을 끼우고 펀치를 이용해서 꽉 눌러 모자에 고정을 시켜줍니다.

08 칼집 부분을 위로 꺾어 올린 뒤 양쪽 구멍에 고무줄을 끼워 아이의 머리에 맞게 조절해주세요.

09 이제 그림을 그리거나 스티커를 활용해 꾸며주기만 하면 완성입니다.

plus item_종이접시의 또 다른 활용

바다 풍경 담은 입체액자

종이접시를 잘 활용하면 아주 색다른 아이템을 만들 수 있답니다. 접시의 오목한 모양을 활용해 입체감을 살리는 것이죠. 접시 두 개로 만든 입체 액자 속에 아이가 만든 다양한 작품을 전시해보세요. 장식효과가 만점이랍니다.

미리 준비하세요

종이접시 2장, 가위, 본드, 양면테이프, 아세테이트지, 사인펜, 색종이(녹색, 갈색), 종이접기 물고기 5마리

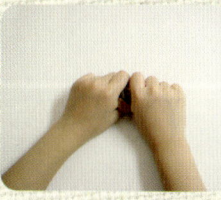
01 갈색 색종이를 두 손으로 꼭 쥐어서 마구마구 구겨주세요.

06 이제 뚜껑이 될 종이접시에 구멍을 뚫어줄 거예요. 이때는 칼을 사용해야 하니 엄마가 도와주세요.

02 이제 구겨놓은 색종이를 살짝 펴서 바위 모양을 잡아줍니다.

07 이제 뚫어놓은 종이접시에 아세테이트지를 붙일 건데요, 글루건이나 양면테이프를 사용하시면 됩니다.

03 접시에 구겨놓은 종이바위를 붙여 넣을 건데요, 알맞은 위치에 양면테이프를 붙여주세요. 물론 본드를 사용하셔도 됩니다.

08 이제 아세테이트지의 필요 없는 부분을 잘라주세요. 한결 깔끔해졌지요?

04 이제 본격적으로 꾸며보도록 하겠습니다. 바위 근처에 게를 그려 넣었습니다. 빨간색이 예뻐서인지 원우는 바닷가엔 항상 게를 그려 넣더라구요.

09 그럼 고리를 붙여보도록 하겠습니다. 리본테이프나 빵끈을 이용하시면 됩니다.

05 녹색 색종이를 오려서 미역처럼 만들어 붙여주세요. 아이가 더 그려 넣고 싶어 하는 것이 있으면 충분히 그려 넣을 수 있게 해주세요.

10 이제 꾸며놓은 접시와 아세테이트지를 붙인 접시를 서로 붙여주면 완성입니다. 이때는 실리콘을 이용하는 것이 편하더라구요.

★☆☆☆ 5세 이상 아이가 만들고 엄마가 도와요

20 보기만 해도 시원한 수박부채

여름엔 꼭 하나쯤 있어야 하는 부채. 아이들도 예외는 아니죠. 아이에겐 아이를 위한 부채가 필요합니다. 함께 만들어보면 어떨까요? 커다란 수박을 그려서 부채로 만들면 만들 때부터 시원하겠죠? 동물부채, 과일부채, 꽃부채 등등 얼마든지 다양하게 만들 수 있습니다.

미리 준비하세요

도화지, 색연필, 컴퍼스, 손코팅지, 가위, 실리콘, 나무젓가락

01 원하는 부채 크기의 수박을 그릴 건데요, 바깥쪽은 초록색, 안쪽은 빨간색, 이렇게 두 개를 그려주세요.
<u>아이가 큰 원을 그릴 수 있으면 그냥 커다란 수박을 그려보자고 하면 되구요, 큰 원을 못 그리는 아이는 엄마가 컴퍼스를 이용해서 그려주세요.</u>

02 초록색과 빨간색을 이용해서 수박을 색칠하고 수박씨도 그려 넣습니다.

03 이제 그려놓은 수박의 테두리를 오려주세요.

04 부채가 오래 가도록 코팅을 할 거예요. 손코팅지의 보호필름을 벗겨내고 끈적끈적한 면이 위로 오도록 놓고 그 위에 수박 그림을 올린 뒤 손바닥으로 가볍게 문질러줍니다.

05 수박 위에 코팅지를 한 장 더 붙여주면 코팅이 되겠죠? <u>손코팅지가 없으면 그냥 문구점에 가서 코팅을 해오시면 돼요.</u>

06 붙이실 땐 기포가 생기지 않도록 조심해서 붙여주세요.

07 테두리에 1cm 정도 여유를 두고 가위로 잘라주세요.

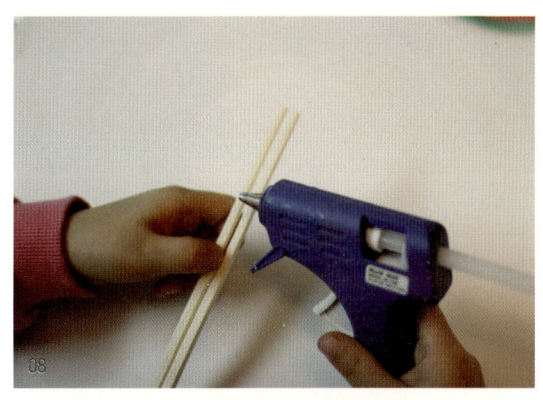

08 나무젓가락의 벌어지는 부분에 목공본드나 실리콘을 발라주세요.

09 마르기 전에 젓가락 사이에 코팅된 수박을 끼워 넣으면 됩니다.
<u>나무젓가락 대신 아이스크림 수저를 양쪽으로 붙여줘도 멋진 부채가 된답니다.</u>

10 어때요? 멋진 수박 부채가 완성되었죠? 정말 시원하답니다.

★★☆☆ 5세 이상 아이가 만들고 엄마가 도와요

21 지점토로 만든 액세서리 수납통

지점토는 아이들의 손가락 운동에도 좋고, 창의력을 개발하는 데도 큰 도움이 되는 만들기 기법입니다. 재료가 부드러워 만들기도 쉽고 아이들 개성에 맞춰 색칠도 할 수 있으니 정말 좋지요. 작은 통을 직접 만들어 머리핀 같은 작은 액세서리를 수납하는 용도로 사용하면 좋답니다.

미리 준비하세요

지점토, 물감, 점토용 칼, 붓, 니스, 밀대

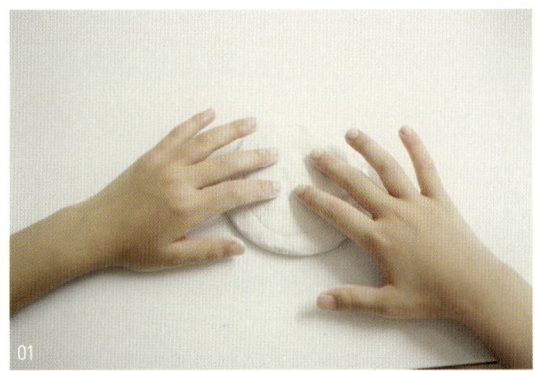
01

03

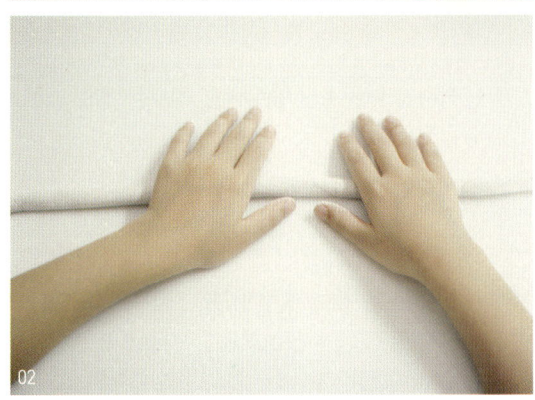
02

type 1. 말아올리기

01 동글동글 손바닥 사이에서 굴려준 점토를 테이블에 내려놓고 꾸욱 눌러서 납작한 원판으로 만들어주세요.

02 점토를 반죽해 가래떡 모양으로 늘리며 굴려주세요. 손바닥을 이용해서 굴려주면 쉽게 만들어집니다.

03 이제 한쪽 끝부분부터 천천히 말아올릴 건데요, 잘 안 붙으면 붓으로 물을 조금 발라주셔도 좋아요.

04 이렇게 해서 원하는 높이까지 쌓아주시구요, 2~3일 정도 잘 말려주세요.

05 충분히 말랐으면 색을 칠해볼까요? 점토에 채색을 할 때는 아크릴물감을 많이 씁니다. 너무 뻑뻑하면 칠하기가 나쁘니까 물을 조금 섞어서 붓이 잘 움직이도록 해주세요.

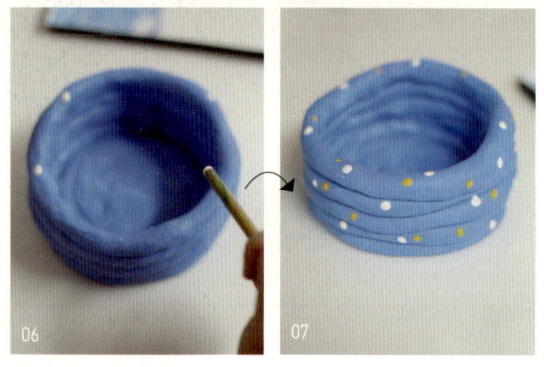

06 흰색 물감을 짜놓고 붓 손잡이 뒷부분에 묻혀 지점토에 콕콕 찍어주세요. 이때는 물감에 물을 섞으면 안 됩니다.

07 여기서 마무리를 하셔도 좋지만 노란색 점도 몇 개 더 찍어보겠습니다. 흰색만 했을 때보다는 조금 화려해보이지요?

type 2. 판으로 만들기

01 이번엔 판으로 만들기를 해보겠습니다. 역시 점토를 둥글게 굴리다 넙적하게 밀어주세요.

02 넙적하게 만들어진 점토판을 점토용 칼로 네모로 잘라주세요.

03 잘라낸 부분을 두 손으로 다듬어 끝부분을 정리해주세요.

04 이제 몸통을 만들 점토가 필요해요. 점토 반죽을 밀어 옆으로 길게 늘여주세요. 밀대가 없으면 풀통이나 음료수병처럼 둥근 통을 이용하시면 됩니다.

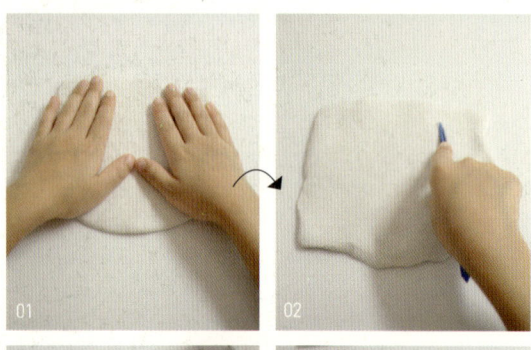

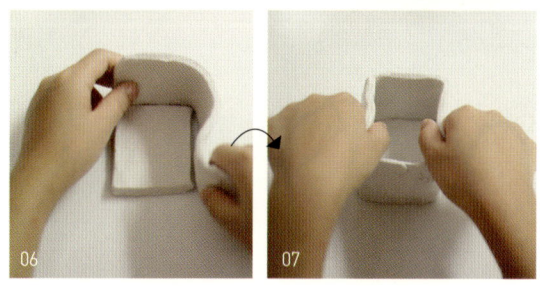

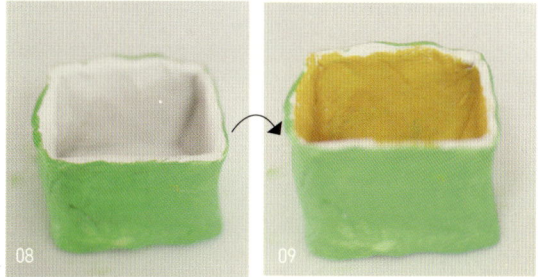

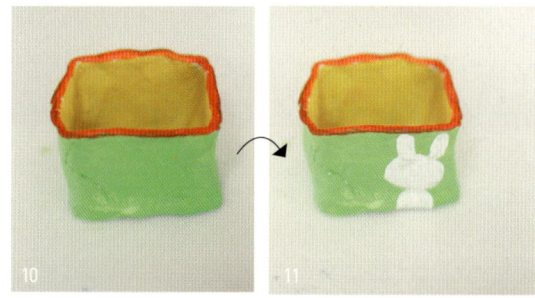

05 길이는 밑판 둘레에 맞춰서, 높이는 원하는 만큼 잘라주세요.

06 이제 몸통 부분을 바닥에 붙여줍니다. 이때도 물을 조금씩 묻혀가면서 붙여주시면 더 좋아요.

07 이음새 부분을 잘 다듬어 표가 나지 않도록 마무리를 해주세요.

08 바깥쪽에 연두색을 칠했어요.

09 안쪽엔 연두랑 잘 어울리는 노란색을 칠했습니다.

10 입구 부분에 주황색으로 테를 둘러서 포인트를 주었어요.

11 이제 아이들이 좋아하는 그림을 그리도록 해주시면 됩니다. 저는 원우가 가장 좋아하는 토끼를 선택했습니다.

12 마지막으로 얼굴을 그려주는데, 너무 작아서 붓으로 그리기 힘들면 유성매직으로 그려주셔도 좋아요. 리본이나 소품을 붙여 장식해도 좋습니다.

5세 이상 아이가 만들고 엄마가 도와요

22 신비로운 느낌의 폴리머 클레이 목걸이

폴리머 클레이로 만든 목걸이입니다. 만드는 방법은 다른 점토랑 같고, 말리는 방법만 다르답니다. 다른 점토는 그냥 실온에서 말리면 되는데, 폴리머 클레이는 오븐에 구워야 한답니다. 하지만 한 번만 해보면 금방 하실 수 있을 거예요. 활용도가 높아서 예쁜 액세서리나 장식 소품 만들기에도 그만이랍니다.

미리 준비하세요

폴리머 클레이, 실, 자

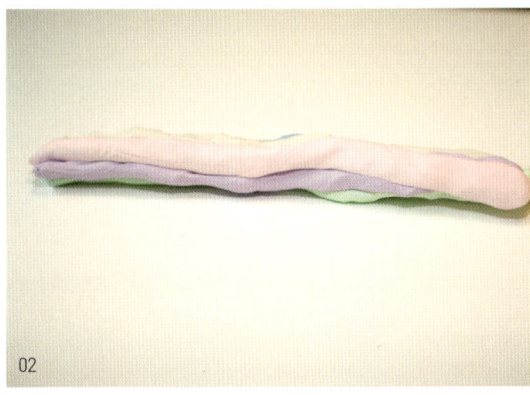

01 원하는 색을 몇 가지 골라 쭉쭉~ 떡볶이떡 두께로 만들어주세요.

02 준비해둔 점토를 한데 모아 뭉쳐볼 거예요.

03 한쪽 방향으로 꼬면서 살살 주물러주세요. <u>한 곳만 계속 꼬다보면 끊어질 수 있으니까 주의하세요.</u>

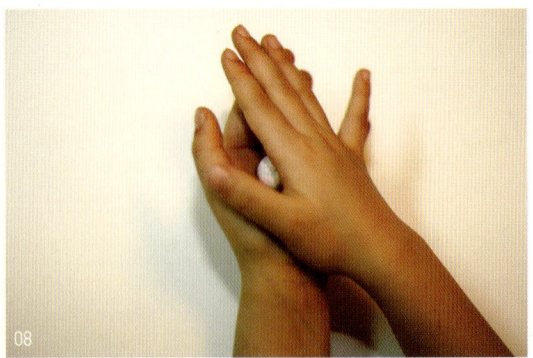

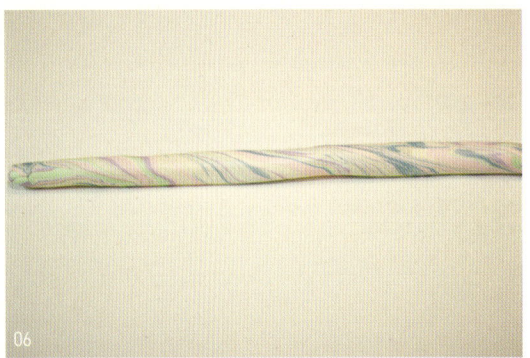

04 어느 정도 꼬아졌으면 이제 반으로 접어 다시 꼬아줍니다.

05 자, 이제 점토를 바닥에 내려놓고 살살 굴려주세요.

06 손바닥에 힘을 조금 주어 굴려주면 표면이 매끄럽게 정리되면서 점토의 길이도 길어진답니다.

07 자를 이용해서 적당한 크기로 잘라주세요.

08 손바닥에 올리고 살살 굴려 동그란 구슬을 만들어줍니다.

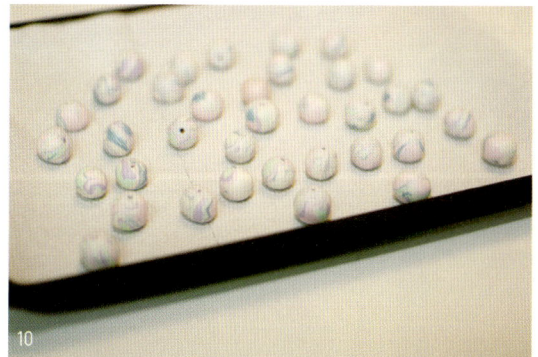

09 이쑤시개를 이용해서 가운데 구멍을 뚫어주세요.

10 이제 오븐에 넣고 구울 차례입니다. 110℃에서 30분가량 구워주면 되는데요, 크기마다 구워지는 시간이 약간씩 다르니까 중간중간 확인해주시는 게 좋아요. <u>팬던트나 귀고리 같은 소품은 10분 정도만 구워도 충분하답니다.</u>

11 이제 실을 끼워 마무리해주면 완성입니다.

PART 4
감성지수 높여주는 크리스마스 즐기기

아이들에게 크리스마스는 낭만과 환상을 심어주는
멋진 날이지요. 꼭 교회에 다니지 않더라도
즐거운 연말 분위기를 집에서 즐겨보면 좋을 거예요.
직접 만든 멋진 크리스마스 장식으로
집안 가득 축제 분위기를 만들어보세요.
아이들에게 오래오래 기억될 좋은 추억이 될 겁니다.

 5세 이상 아이가 만들고 엄마가 도와요

23 아크릴케이스로 만든 크리스마스트리 장식

 해마다 12월이면 가슴을 설레게 하는 게 크리스마스트리가 아닐까 싶어요. 크리스마스는 아이들은 물론, 어른들에게도 동심을 되찾게 해주는 좋은 계기가 되는 것 같아요. 크리스마스트리에 아이가 직접 만든 장식품들로 알록달록 장식을 하면서 행복한 크리스마스를 만들어보세요.

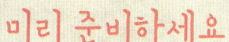

미리 준비하세요

아크릴케이스. 빨간색 한지, 금색 물감, 붓

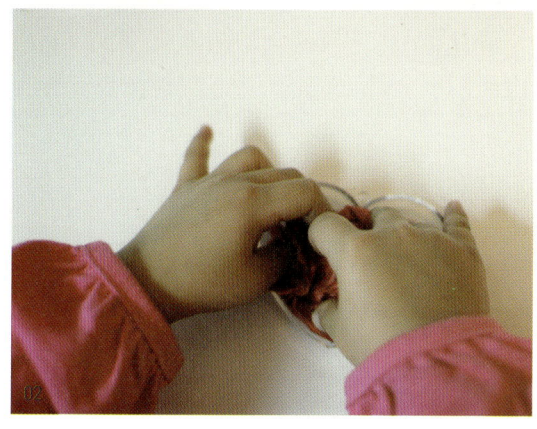

01 시중에 아크릴케이스들이 많이 나와 있어요. 저는 하트 모양으로 된 것을 골랐습니다.

02 케이스 안에 한지를 마구마구 구겨 넣고서 뚜껑을 덮습니다. 아크릴케이스가 벌어지지 않도록 스카치테이프로 2군데 정도 붙여줍니다.

03 이제 팔레트나 접시에 금색 물감을 짜주세요. 금색 물감이 없으면 금색 펄이 들어간 풀을 사용하셔도 됩니다.

04 도트 펜이나 붓 뒷부분에 물감을 묻힌 뒤 아크릴 케이스 위에 톡톡 찍어줍니다.
<u>물감 한 번 찍고 아크릴케이스에 점 한 번 찍고……. 이렇게 반복하면 더욱 예쁜 소품을 만들 수 있답니다.</u>

05 붓으로 그림을 그리는 것도 괜찮겠네요.

06 저는 아이가 좋아하는 하트 그림을 그려보도록 했습니다.

07 이렇게 여러 가지 모양으로 다양하게 만들어서 트리에 달면 너무 예쁘답니다.

plus item_아크릴케이스의 또 다른 활용

그림을 그려 넣은 아크릴장식

아크릴케이스는 안에 들어가는 그림이나 장식에 따라 전혀 다른 느낌을 연출해준답니다. 아이가 직접 그린 그림을 넣으면 크리스마스트리에 장식해도 좋고, 벽이나 창가에 걸어두어도 제법 멋스럽답니다.

미리 준비하세요
아크릴케이스, 풀, 사인펜, 종이(분홍색, 녹색), 연필, 리본, 가위

01 녹색 종이에 하트 모양의 아크릴케이스를 올리고 연필로 테두리를 따라가며 그려줍니다.

06 사인펜을 이용해서 꾸며볼까요? 들판을 만들었으니 꽃이나 울타리도 좋고 나비나 나무도 잘 어울릴 것 같아요.

02 그려놓은 하트를 가위로 오리는데, 하트보다 조금 안쪽으로 오려야 한답니다.

07 아크릴케이스에 꾸며놓은 하트 종이를 넣어주세요.

03 분홍색 종이도 똑같이 오릴 건데요, 집게로 살짝 집어주시면 훨씬 정확하게 오릴 수 있어요.

08 리본을 끼워서 걸 수 있도록 약간의 여유를 두고 묶어주었습니다.

04 예쁜 하트가 두 장이 되었나요?

09 이제 깔끔하게 마무리가 되었지요?

05 녹색 하트 아랫부분을 자연스럽게 찢어서 분홍색 하트 위에 붙여주세요. 이 부분이 잔디가 깔린 들판이 된답니다.

10 안에 들어가는 그림이나 작품에 변화를 주어 세트로 걸어두면 더욱 예쁘답니다.

★☆☆☆ 5세 이상 아이가 만들고 엄마가 도와요

24 종이컵으로 만든 크리스마스 장식

화려한 오나먼트를 사다 크리스마스트리를 장식하는 것도 좋지만 아이와 함께 만들며 크리스마스 분위기를 만끽해보면 더욱 즐겁답니다. 빨강, 파랑, 색색의 종이컵 위에 간단한 장식을 더해 크리스마스트리에 달아보세요. 별도의 장식품을 구입하지 않더라도 멋진 장식 소품이 된답니다.

미리 준비하세요

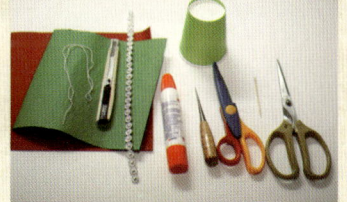

색깔 종이컵, 색지, 핑킹가위, 본드, 가위, 이쑤시개, 실, 비즈

01 핑킹가위로 색지를 가늘게 잘라줍니다. 아이가 힘들어하면 연필로 선을 그어주고 자르도록 합니다.

02 여러 가지 색을 잘라 준비해주세요.

03 이제 종이컵에 잘라놓은 종이를 붙여주세요. 본드를 이용하셔도 되구요, 양면테이프를 이용해서 붙여주셔도 됩니다.

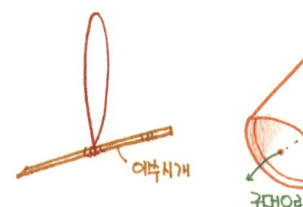
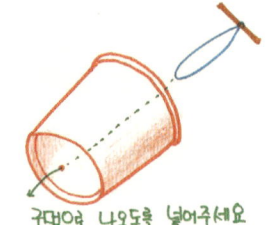

04 이제 중간 중간에 비즈나 쿠킹호일을 작게 말아서 붙여주세요.

05 종이컵 바닥 중앙에 송곳으로 구멍을 뚫어주세요.

06 이쑤시개의 중간부분에 끈을 묶어주세요.

07 컵의 안쪽에서 바깥쪽으로 끈을 넣어주심 됩니다.

08 이제 고리까지 완성이 되었으니 트리에 걸어주기만 하면 됩니다.

plus item_종이컵의 또 다른 활용

종이컵으로 만든 개구리 연필꽂이

종이컵은 아이들이 정말 좋아하는 공예 재료랍니다. 예쁜 색깔을 칠하고 종이를 오려붙여 모양을 만들면 멋진 장식품이 된답니다. 계절에 따라 다른 모양, 다른 색깔을 칠해서 새로운 기분을 만들어보세요.

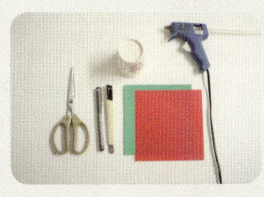

미리 준비하세요

종이컵, 칼, 가위, 네임펜, 색종이(빨강, 흰색, 녹색), 글루건

01 종이컵을 반 정도 잘라주세요. 미리 선을 그어주시면 아이들이 자를 수 있어요.

06 흰 종이에 커다랗게 개구리 눈을 그려주세요.

02 잘라놓은 종이컵과 새 종이컵을 붙여줄 건데요, 글루건을 이용하시면 간단하게 붙일 수 있답니다.

07 개구리눈을 오려서 종이컵 끝에 걸쳐지도록 붙여줍니다.

03 두 개가 서로 어긋나지 않도록 잘 붙여야 하니까 이건 엄마가 도와주시는 게 좋을 것 같아요.

08 이제 빨간색 색종이의 뒷면에 입술을 그려주세요.

04 이제 모자이크를 하듯이 색종이를 붙여나갈 건데요, 그냥 연두색으로만 붙이셔도 되고 연두색과 녹색을 같이 섞어서 붙여도 됩니다.

09 가위로 오려줍니다.

05 입구의 테두리 부분을 제외한 나머지 부분만 색종이를 붙였습니다.

10 입술의 가운데 부분을 잘라 하얀 테두리 아래위로 붙여서 마무리를 해줍니다.

★★★☆☆ 6세 이상 아이가 만들고 엄마가 도와요

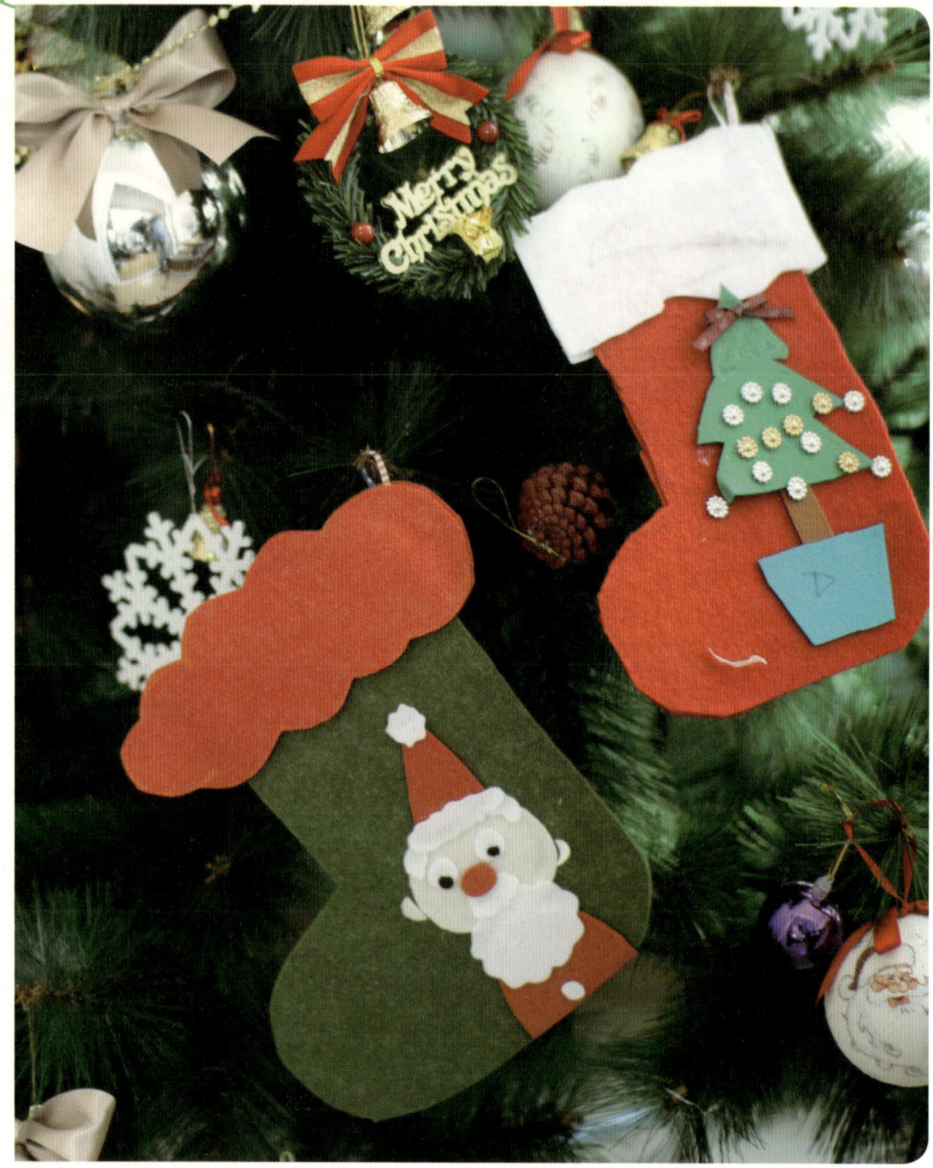

25 펠트로 만드는 산타양말

펠트는 따뜻한 분위기를 내기 때문에 겨울에 이용하기 아주 좋은 소재입니다. 특히 빨강과 초록은 크리스마스를 아늑하게 꾸미는 데 필수적이죠. 따로 시접을 할 필요가 없으니 가위와 접착제만 있으면 어떤 아이템도 뚝딱 만들 수 있답니다. 크리스마스트리에 장식할 산타양말을 만들어볼까요?

미리 준비하세요

펠트(빨강, 흰색, 살구색, 녹색, 갈색), 빵끈, 글루건

산타 할아버지, 선물 많이 주세요!

01 초록색 펠트에 큼지막하게 양말 모양을 그려주세요.

02 이제 가위로 오려냅니다.

<u>펠트가 가위질이 쉽지 않을 거예요. 잘 드는 가위를 사용하게 해주시구요, 아이가 많이 힘들어하면 엄마가 도와주세요.</u>

Part 4 감성지수 높여주는 크리스마스 즐기기

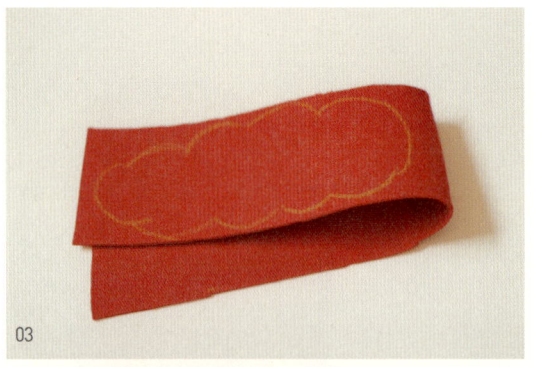

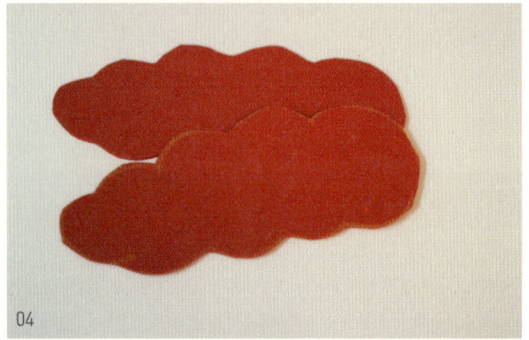

03 양말의 목 부분을 장식해볼 건데요, 빨간색 펠트에 구름 모양을 그려주세요.

04 모양대로 오려서 준비해둡니다.

05 실리콘이나 본드를 이용해서 양말 목을 붙여보겠습니다.
<u>실리콘을 사용할 땐 화상을 입을 수 있으니까 엄마가 옆에서 도와주셔야 합니다.</u>

06 양말 목 부분을 붙일 때 뒷부분에 고리를 달아줘야 합니다. 빵끈을 구부려서 반으로 접은 다음 안쪽으로 넣고 함께 붙여주세요.

07 이제 살구색 펠트를 이용해서 산타의 얼굴을 만들어주세요.

08 빨간색 펠트를 이용해서 산타의 모자와 옷을 만들어줍니다.

09 흰색 펠트를 이용해서 산타의 콧수염과 턱수염, 모자의 위아래 하얀 털을 만들어줍니다.

10 이번엔 빨간 코도 붙여볼까요?

11 그냥 눈동자만 만드는 것보다 하얀 펠트를 동그랗게 잘라서 눈을 만들고 눈동자를 붙이는 게 더 예쁩니다.

12 이제 갈색 펠트로 눈동자를 만들어 붙여 마무리합니다. 눈동자는 네임펜으로 그려주셔도 됩니다.

5세 이상 엄마가 만들고 아이가 도와요

26 쿠키를 이용한 크리스마스트리 장식

아이들이 가장 좋아하는 만들기는 먹는 걸 만드는 것이랍니다. 쿠키를 굽는다고 하면 거의 흥분지경이지요. 같이 반죽하고 같이 모양을 찍어가며 얘기도 나누고 맛있는 쿠키도 완성해 보세요. 그렇게 만든 아이들의 멋진 작품을 크리스마스트리에 달아 그 즐거움을 오래도록 간직해보세요.

미리 준비하세요

쿠키믹스, 달걀 2개, 버터나 마가린, 장식용 펜, 쿠키 틀

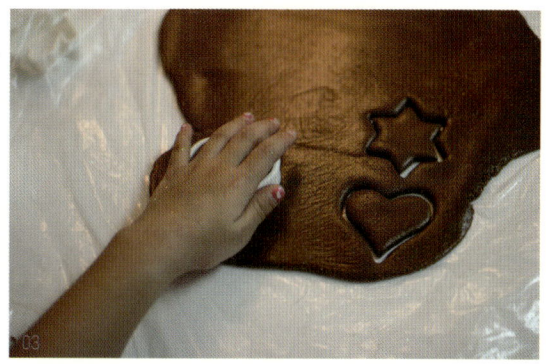

01 쿠키믹스에 달걀과 마가린을 넣어서 반죽을 해줍니다. <u>용량은 쿠키믹스에 나와 있는 레시피를 활용하세요.</u>

02 비닐을 깔고 반죽을 평평하게 밀어주세요.

03 쿠키 틀이 있으면 그걸로 모양을 찍어주시고, 없으면 작은 칼로 직접 그리셔도 됩니다.

Part 4 감성지수 높여주는 크리스마스 즐기기

04 기름을 살짝 두른 오븐 팬에 준비된 쿠키를 올려주세요.

05 이제 구워야죠? 180도에서 12분 정도 구워주면 되는데, 두께에 따라 약간 다르니까 가끔 확인을 해주셔야 해요.

06 쿠키가 구워졌으면 꺼내서 식혀줍니다.

07 대형 할인매장의 베이킹 코너에 가면 구입할 수 있는 장식용 펜입니다. 아이들과 함께 쿠키를 장식해보세요.

08 트리에 달기 위해선 고리가 있어야겠지요? 쿠키를 바로 달려면 굽기 전에 이쑤시개로 구멍을 뚫어주면 되구요, 비닐포장을 해서 장식을 하려면 쿠키를 비닐에 담은 뒤 빵끈이나 리본으로 마무리를 해주면 트리에 간단하게 장식할 수 있습니다.

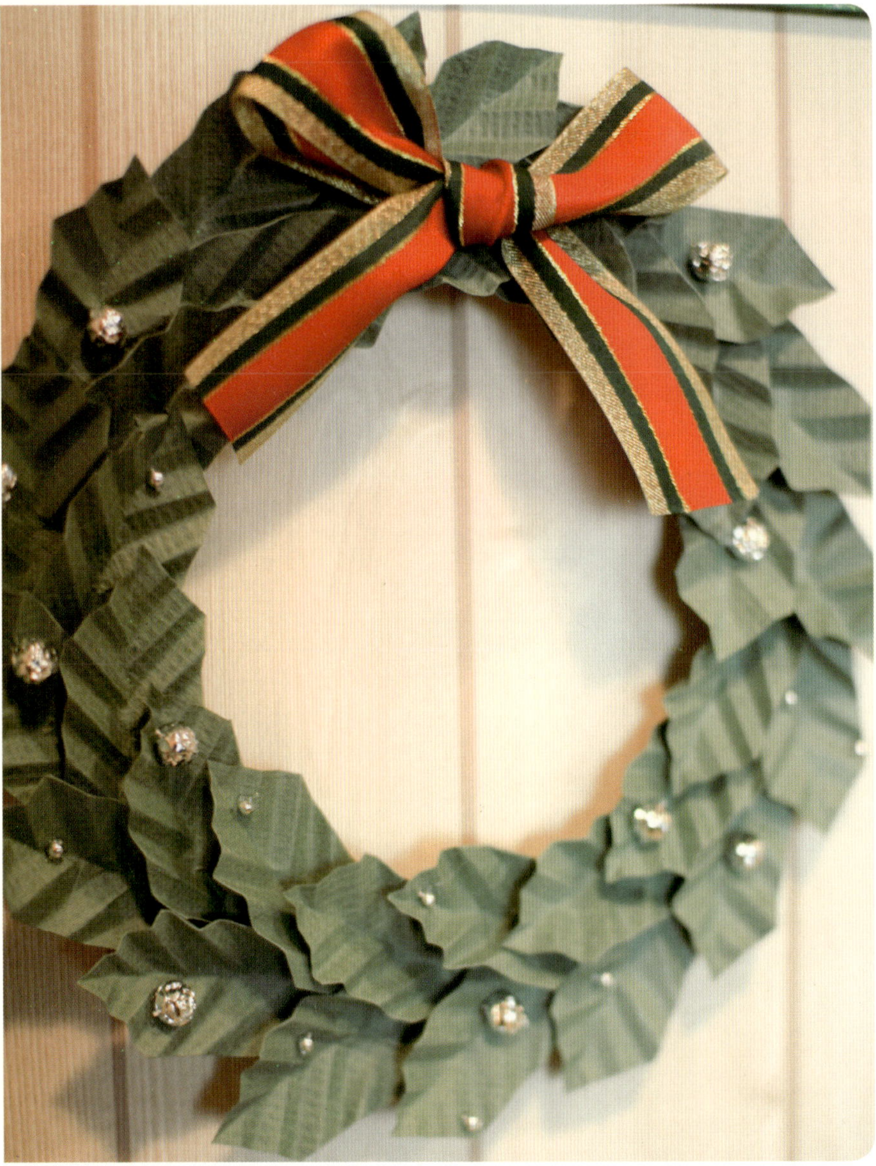

27 나뭇잎 접기를 이용한 크리스마스 리스

초록색 종이로 나뭇잎을 접어 리스를 만들어볼 거예요. 나뭇잎은 접는 방법은 간단하지만 리스를 만들 때는 아주 멋진 기술이 된답니다. 재료비도 얼마 안 들고 이렇게 간단한 방법으로 클래식한 리스를 만들 수 있으니까 아이들과 크리스마스의 즐거움을 마음껏 누려보세요.

미리 준비하세요

나뭇잎 접을 종이, 리스 틀, 리본, 은색이나 금색 비즈, 가위, 글루건

01

02

03

04

1st step 나뭇잎 접기

01 4×4cm 정도의 녹색 종이를 준비해서 삼각형이 되도록 반으로 접어주세요.

02 다시 한 번 삼각형이 되도록 접어주세요.
<u>종이접기를 하며 꼭꼭 눌러서 문질러야 할 땐 "다림질을 해볼까?"라고 해주시고, 두 모서리가 만나야 할 땐 "뽀뽀시켜주자"라고 이야기해주세요.</u>

03 이제 두 번째 접었던 삼각형은 펴줍니다.

04 두 번째 접었던 삼각형의 끝점에 닿도록 위의 날개를 내려 접어주세요. 뒤쪽도 같은 방법으로 접어주시면 됩니다.

Part 4 감성지수 높여주는 크리스마스 즐기기 **137**

05 이제 나뭇잎의 잎맥을 만들어볼 거예요. 종이의 끝부분 사선을 따라서 앞으로 한 번, 뒤로 한 번 접어주세요.
이건 아이들이 처음엔 좀 어려워하지만 금방 익숙해집니다. 삐뚤삐뚤 아이들이 접은 나뭇잎이 더 사랑스러워 보여요.

06 이렇게 끝까지 접으셨나요?

07 그럼 이제 아이가 펼쳐볼 수 있도록 해주세요. 우와! 이런 모양이 나오는구나! 하며 아이도 놀라워한답니다.

2nd step 리스 만들기

01 공예 재료를 판매하는 사이트나 대형 문구점, 보육사 등에서 구입할 수 있는 리스 틀입니다.
마땅한 리스 틀이 없으면 우드락을 잘라서 사용해도 됩니다.

02 틀 위에 양면테이프를 붙이고 아이가 나뭇잎을 하나씩 붙여나갈 수 있게 해주셔도 되구요, 나뭇잎 끝에 실리콘을 살짝 살짝 발라서 아이가 붙이도록 하셔도 됩니다.
아이가 너무 막연하게 생각할 수도 있으니까 처음 한 두 개는 엄마가 붙여주시면 금방 따라한답니다.

03 오른쪽, 왼쪽으로 하나씩, 먼저 붙인 나뭇잎을 조금씩 덮어가며 붙여줍니다.
대부분의 아이들은 리스 틀을 따라서 똑바로 붙이려 하는데, 그러면 그냥 그렇게 붙이도록 해주세요.

04,05 이렇게 조금씩 붙여서 리스 틀 전체를 나뭇잎으로 덮어줍니다.

06 마지막 나뭇잎은 맨 처음 붙인 나뭇잎 아래쪽으로 살짝 넣어주시면 깔끔하게 마무리가 됩니다.

07 이제 비즈를 붙여볼 거예요. 낱개 비즈는 그대로 사용하시고, 목걸이처럼 쭉 연결된 비즈는 가위로 하나하나 잘라서 붙여주세요.

08 비즈가 없으면 쿠킹호일을 조금씩 찢어서 손으로 돌돌 말아서 사용해도 예쁘답니다.

09 비즈만 붙이면 조금 섭섭하지요? 이제 포인트가 될 리본을 붙여서 마무리를 해보겠습니다. 이외에도 갖고 있는 작은 소품들을 붙여주면 더욱 멋진 크리스마스 리스가 완성됩니다.

plus item_나뭇잎 접기의 또 다른 활용

크리스마스 느낌의 장식용 촛대

촛농도 깨끗하게 받아내고 양초의 분위기도 더욱 고급스럽게 살려주는 간단한 촛대 만들기에 도전해 보겠습니다. 나뭇잎 접기로 만든 꽃으로 장식했더니 크리스마스 느낌이 물씬 풍기네요.

미리 준비하세요
골판지, 크리스마스 끈, 글루건, 칼이나 가위

01 30×20cm의 녹색 골판지를 감아볼 건데요, 골판지의 세로 골이 있는 방향으로 20cm가 되어야 합니다.

03 1cm 폭의 골지를 150cm 정도 길이가 되도록 끝을 붙여가며 연결해주세요. 앞에서 감아둔 골판지의 끝부분에 감아주세요. 중간 중간 본드나 실리콘을 발라 고정해주면서 붙여야 합니다.

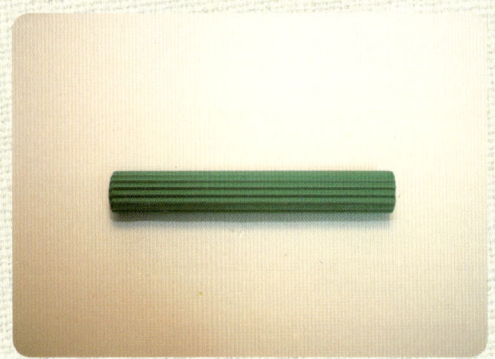

02 다 감았으면 실리콘을 살짝 발라서 마무리를 해주세요.

04 바닥은 이걸로 완성이구요, 이제 초가 올라갈 부분을 감아보겠습니다.

05 같은 방법으로 1cm 폭의 골판지를 1m를 만들어주세요. 3번과 같은 방법으로 해주시면 됩니다.

07 이번엔 포인트를 하나 줄까 합니다. 저는 크리스마스를 상징하는 빨간색과 초록색 끈을 붙여봤습니다. 크리스마스 분위기의 리본 테이프를 이용해도 좋겠죠?

06 이제 초가 떨어지지 않도록 턱을 좀 높여줘야 하는데요, 골판지를 2cm 폭으로 잘라서 두 바퀴 정도 돌린 다음 잘라주세요. 양초 들어갈 자리가 잡혔지요?

08 앞에서(137페이지) 배운 나뭇잎 접기로 꽃을 만들어 촛대에 붙여 장식해주면 좋겠지요?

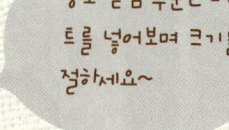

양초 받침 부분은 티라이트를 넣어보며 크기를 조절하세요~

09 제법 크리스마스 분위기가 나는 촛대가 완성되었습니다. 티라이트를 넣어서 사용하세요.

★★☆☆☆ 5세 이상 엄마가 만들고 아이가 도와요

28 수수깡으로 만든 크리스마스 리스

 가볍고 손질하기 쉬운 소재를 이용하여 아이들의 감성지수를 높일 수 있는 크리스마스 리스입니다. 아이들 공예놀이에 흔히 쓰는 수수깡을 이용해볼 거예요. 수수깡은 색도 예쁘고 가격도 저렴하니까 다양하게 활용해보세요! 엄마와 아이가 대화를 통해 색의 조화를 맞추어가며 변형해보면 더욱 좋을 것 같아요.

미리 준비하세요

수수깡, 컵, 리본, 종, 칼, 실리콘, 스카치테이프

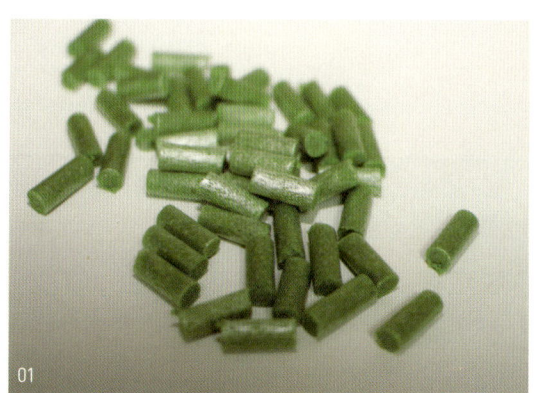
01

03

02

01 우선 녹색 수수깡을 2cm 길이로 잘라서 준비해 주세요.

02 컵에 테이프를 붙인 뒤 테두리에 수수깡을 붙여보겠습니다. 이때 스카치테이프는 끈끈이가 바깥쪽으로 가게 해서 컵의 테두리를 감싸주셔야 합니다.

03 이제 잘라놓은 수수깡을 테두리에 하나씩 붙여주세요.

04 이제 컵의 테두리 부분을 한 바퀴 감싸주세요. 처음 한 바퀴는 테이프의 끈끈이 때문에 수수깡을 쉽게 붙일 수 있을 겁니다.

05 수수깡이 한 바퀴 감아졌으면 이제 수수깡에 본드를 칠해가며 사이사이에 붙여주세요. 두 바퀴 정도 더 감아줍니다.

06 이제 중간에 끼워두었던 컵을 빼주세요. 그냥 손으로 가볍게 떼어내면 됩니다.

07 수수깡이 흔들리는 곳이 없는지 확인해주세요. 약한 곳에는 본드를 조금씩 칠해주세요.

08 이제 포인트가 될 종을 가운데 붙여주세요.

09 붙여놓은 종의 윗부분에 리본을 하나 붙여서 마무리를 해줍니다.

plus item_수수깡의 또 다른 활용

수수깡을 붙여 만든 양초받침

빈 음료수병과 수수깡을 이용해 간단하게 양초받침을 만들어봤습니다. 수수깡은 다루기도 쉽고 색깔도 예쁘지만 열에 약하기 때문에 티라이트처럼 키가 작은 양초보다는 큰 양초의 받침으로 활용하시면 좋을 것 같아요.

미리 준비하세요

수수깡, 빈 음료수병, 양면테이프, 칼, 자, 리본

01 빈 음료수병의 아랫부분에 5cm 높이로 선을 그은 뒤 칼로 조심스럽게 잘라줍니다.

06 같은 방법으로 수수깡을 한 겹 더 붙여주세요.

02 잘라낸 병에 양면테이프를 둘러 붙여주세요. 넓은 테이프는 한 번만 붙여주셔도 되구요, 좁은 테이프는 세 줄 정도를 붙여주시면 좋습니다.

07 이제 가운데 부분에 양면테이프를 한 줄만 둘러주시는데요, 이건 리본을 붙이기 위해서입니다.

03 수수깡은 5cm 정도의 길이로 잘라서 준비합니다. 음료수병과 키가 같으면 사용할 때도 더욱 안전합니다.

08 양면테이프 위에 리본을 붙여주세요.

04 양면테이프를 붙인 음료수병 둘레에 수수깡을 붙여나갑니다.

09 리본이나 장식소품을 활용해서 예쁘게 장식해주면 더욱 좋습니다.

05 한 겹을 다 감았으면 2번과 같은 방법으로 양면테이프를 한 번 더 감아줍니다.

10 이렇게 만든 양초 받침에 양초를 넣어서 사용하면 촛농이 흘러내려도 문제없답니다.

★★☆☆ 5세 이상 엄마가 만들고 아이가 도와요

29 구슬 끼우기로 간단하게 만드는 발

발은 만드는 수고에 비해 장식 효과가 큰 아이템이랍니다. 창가에 걸어두면 환기를 할 때마다 하늘하늘 움직이는 모습을 볼 수 있을 거예요. 또 끝에 종을 달아주면 그 소리에 기분까지 좋아지겠지요? 아니면 문이나 벽에 장식용으로 붙여두어도 좋을 거예요. 아이와 비즈를 하나하나 끼워 멋진 발을 만들어보세요.

미리 준비하세요

리스용 나무덩굴, 체인, 비즈, 고정볼, 니퍼, 낚싯줄

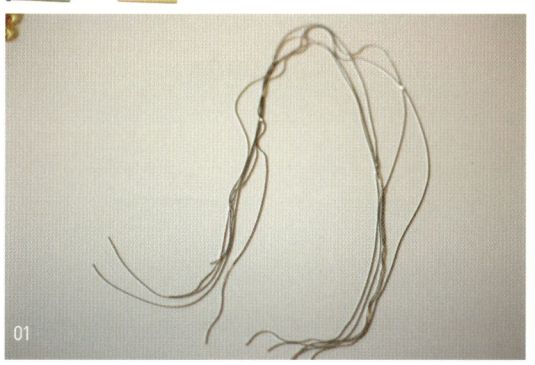

01 체인을 50cm 길이로 5줄 준비해주세요. 특별히 원하는 사이즈가 있으면 거기에 맞춰 길이를 조절해주시구요.

02 체인이 준비되었으면 고정볼을 체인의 끝부분에 놓고 니퍼로 눌러주세요. 이제 아이가 원하는 색의 비즈를 10개 정도 끼워 넣을 건데요, 그 사이에도 고정볼을 하나씩 끼워주세요. 고정볼 하나, 비즈 하나, 고정볼 하나, 비즈 하나, 이렇게 끼워 넣어주시면 됩니다. 비즈 구멍이 너무 작으면 체인을 끼우기 힘드니까 넉넉한 사이즈의 비즈를 준비해주세요.

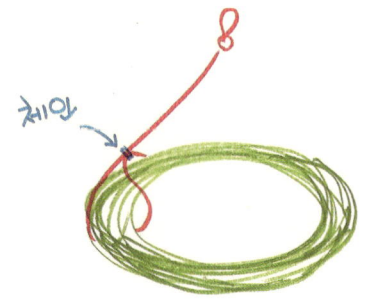

03 이제 엄마가 도와주실 차례예요. 니퍼를 이용해서 중간 중간 고정볼을 눌러 비즈가 돌아다니지 않도록 해주시면 됩니다.

04 사진처럼 비즈 하나, 고정볼 하나, 이렇게 준비되셨나요?

05 단, 마지막 비즈 뒤의 고정볼은 잠깐 기다려주세요. 리스에 감아야 하니까요.

06 리스용 나무 덩굴을 한 바퀴 감고 체인 끝부분에 고정볼을 끼워주세요.

07 이제 니퍼를 이용해서 눌러주세요.

08

09

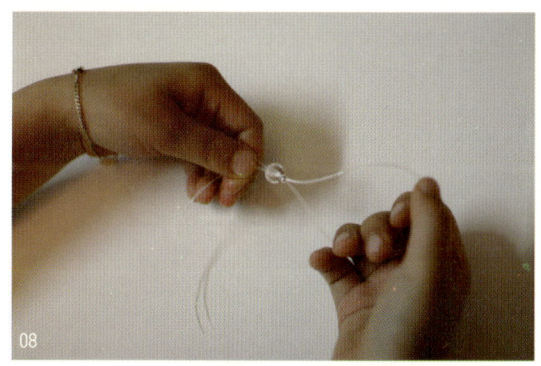

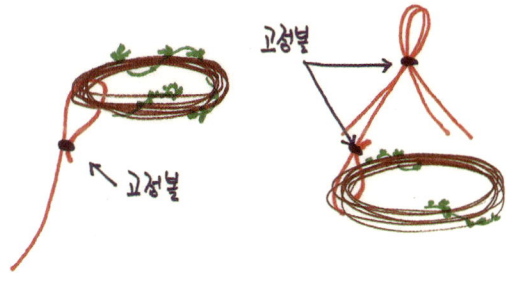

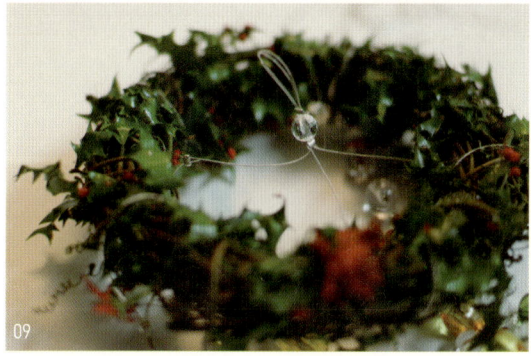

08 이렇게 해서 5줄을 만들어주시구요, 이제 낚싯줄을 이용해 천장에 부착할 준비를 해야 합니다.

09 낚싯줄도 나무덩굴을 달 때처럼 달아주시되, 십자모양으로 달아주세요.

10 이제 완성입니다. 적당한 자리에 걸기만 하면 됩니다.

10

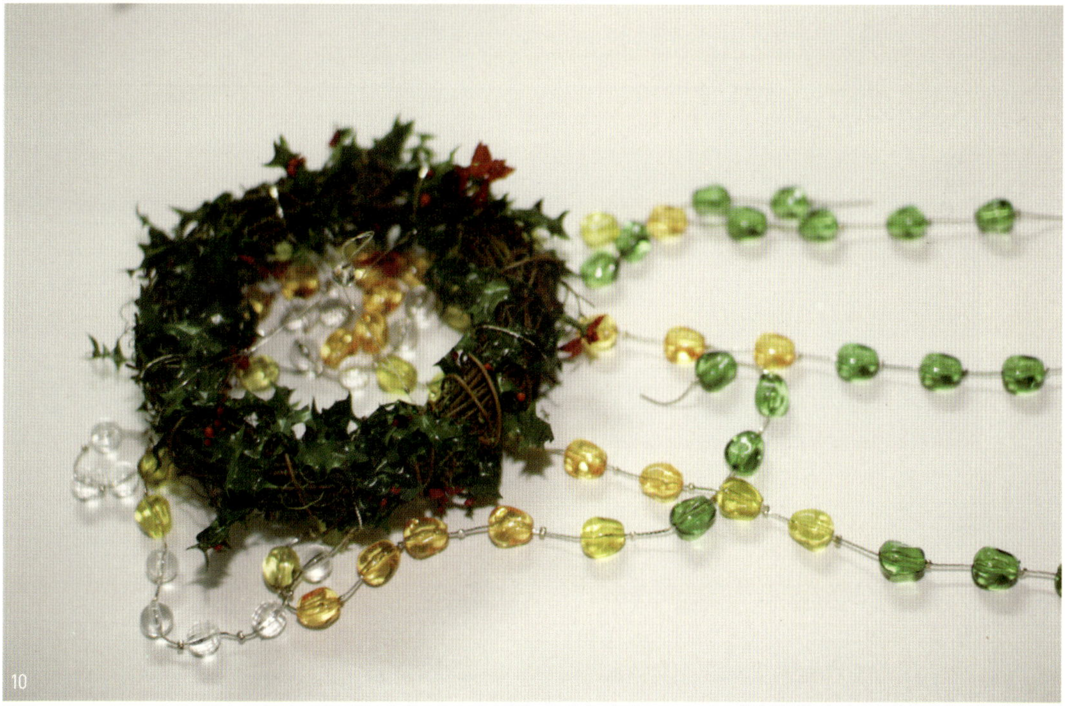

엄마가 만들고 아이가 좋아할 6세 이상 ☆☆☆★★★

30 파스텔 톤 그라데이션 양초

하늘하늘 타오르는 양초를 생각하면 마음까지 푸근해집니다. 크리스마스도 생각나고 생일파티도 생각나고……. 참 행복한 생각들만 가득해지는 것 같아요. 그런 행복한 기억에 엄마와 함께 만들었던 예쁜 초의 기억까지 더해진다면 아이들에게도 더 없이 큰 선물이 될 것 같습니다.

미리 준비하세요

크레파스, 양초, 칼, 나무젓가락, 종이컵

01 양초를 반으로 갈라서 심지를 빼낸 뒤 잘게 잘라서 준비해주세요. 이제 종이컵의 뒷면에 조그만 구멍을 내고 빼놓은 심지를 넣어 끼워줍니다.

02 나무젓가락 사이에 심지를 넣어 고정시켜주세요.

03 잘게 잘라놓은 양초 1/3 정도와 노란색 크레파스 조각을 냄비에 넣고 불에 올려서 녹여줍니다. 너무 오래 녹이거나 센 불에 녹이면 타는 냄새가 나니까 주의하세요.

Part 4 감성지수 높여주는 크리스마스 즐기기

아로마 오일을 몇 방울 떨어뜨리면 향초를 만들 수 있답니다!

04 다 녹으면 종이컵에 조심스럽게 부어줍니다.
정말 뜨거우니까 조심하셔야 합니다!

05 이번에는 녹색 크레파스와 양초 1/3을 섞어서 녹여 종이컵에 붓습니다.
먼저 부었던 노란색 양초가 완전히 굳기 전에 연두색을 부어야 그라데이션 효과를 만들 수 있습니다.

06 녹색도 똑같은 방법으로 녹여서 부어주세요.

07 이제 완전히 굳기를 기다리기만 하면 됩니다. 양초가 완전히 굳으면 종이컵을 제거해주세요.
종이컵은 살짝 칼집을 넣어 천천히 찢으면서 떼어내면 쉽답니다.

plus item_양초의 또 다른 변신

빈 참치캔을 활용한 생일양초

참치캔은 작지만 튼튼해서 공예용 재료로 자주 사용됩니다. 아이가 있는 집에서는 흔히 접할 수 있는 재료니 재활용 측면에서는 아주 유용하지요. 참치캔에 양초를 녹여 부어서 선물하면 아이들이 좋아한답니다.

미리 준비하세요

빈 참치캔, 양초, 심지, 크레파스, 쿠킹호일, 젓가락, 중탕용 냄비, 라벨지, 색연필

01 양초는 심지를 빼내고 잘게 잘라주세요.

06 참치캔의 중간지점에 심지를 자리잡아주시구요, 호일에 담긴 양초 물을 조심스럽게 부어줍니다.

02 쿠킹호일을 그릇 모양으로 만들어서 양초 조각을 담습니다.

07 참치캔의 높이와 둘레에 맞춰 라벨지에 선을 그어주세요.

03 냄비에 물을 담고 끓인 뒤 양초가 담긴 호일을 조심스럽게 넣어줍니다. 중탕을 하는 거예요.

08 그림은 아이가 직접 그리면 더 예쁘답니다. 선물용 메시지도 적어보세요.

04 원하는 색깔의 크레파스를 가늘게 잘라서 넣은 뒤 다 녹으면 한 번 휘휘 저어주세요. 그래야 색깔이 골고루 섞인답니다.

09 완성된 그림을 잘라서 참치캔에 붙여주세요.

05 젓가락에 양초의 심지를 붙일 건데요, 스카치테이프를 이용하시면 손쉽게 붙일 수 있습니다.

10 이렇게 한 바퀴를 감아주니 멋진 생일선물이 완성되었습니다!

감성지수 높여주는 또 다른 기념일
스승의 날 감사카드

스승의 날이면 어떤 선물로 감사의 마음을 전해야 할까 정말 고민이에요. 값비싼 선물보다는 아이가 직접 만든 카네이션 카드에 그동안 감사했던 마음을 담아 보내드리는 건 어떨까요? 아이에게 감사의 마음을 가르치는 좋은 계기도 될 거예요.

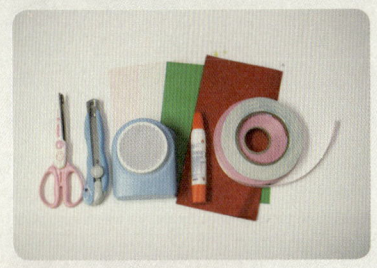

미리 준비하세요

빨간색, 녹색, 흰색, 분홍색 색상지, 핑킹가위, 칼, 원형 엠보 펀치, 본드, 양면테이프, 리본

1st step 카네이션 접기

01 10×10cm의 빨간색 종이를 준비해주세요.

04 이제 처음 종이접기를 시작할 때처럼 펴주세요.

02 삼각형 모양이 되도록 접어줍니다.

05 삼각형을 접었던 방향과 반대로 종이를 뒤집어줍니다. 이번엔 사각형이 되도록 반을 접어주고, 다시 펴서 다른 방향도 사각형으로 접어줍니다.

03 삼각형으로 접은 종이를 한 번 더 반으로 접어줍니다.

06 살짝 폈을 때 사진에서와 같은 모양이 되었나요?

07 그럼 그 모양 그대로 접어 줍니다. 지금까지의 접기를 사각주머니 접기라고 한답니다.

11 이제 카네이션 꽃잎 부분이 완성되었습니다. 녹색 종이를 이용해서 같은 방법으로 접어 작게 잘라내면 꽃받침이 됩니다.

08 사각형으로 접어진 종이를 사진과 같이 가운데를 기준으로 반으로 접어줍니다.

09 나머지 한쪽도 접어서 마주보도록 해주세요.

10 이제 핑킹가위를 이용해서 잘라주세요.
종이가 너무 두꺼우면 가운데 부분에서 가위질이 힘들 수 있습니다. 나이가 어린 아이들은 엄마가 도와주세요.

12 꽃잎과 꽃받침이 완성되었으면 꽃잎을 꽃받침 사이에 끼워 넣어주면 완성입니다.
카드를 만들지 않더라도 선물 포장 위에 장식으로 붙여주셔도 좋아요.

2nd step 카드 만들기

01 20×15cm 정도의 분홍색 종이를 준비해주세요.

08 우선 카드의 앞부분을 붙여주시구요, 그 다음에 뒷부분도 붙여주세요.

02 종이를 반으로 접어서 카드지를 만들어줍니다.
송곳 끝이나 칼등으로 살짝 자국을 내주면 접히는 부분이 더욱 깔끔하게 접힌답니다.

09 사진처럼 리본의 끝부분이 살짝 안으로 들어가게 붙여주시면 더욱 깔끔하게 마무리가 된답니다.

03 원형 엠보 펀치로 흰색 원을 만들어주세요, 펀치가 없으면 컵을 엎어두고 원을 그린 다음 핑킹가위로 오려도 좋아요.

10 이제 녹색 종이를 이용해서 줄기를 만들어 주시구요, 본드를 주욱 발라주세요. 카드지의 가운데 부분에 붙여주세요.

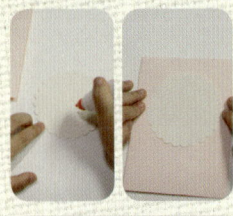
04,05 흰색 원이 준비되었으면 이제 본드나 양면테이프를 이용해서 붙여보겠습니다.

11 먼저 준비한 카네이션의 뒷면에도 본드를 칠해줍니다.

06 이제 리본의 뒷부분에 양면테이프를 붙여보겠습니다.
리본은 카드보다 약간 큰 사이즈로 준비해주시는 게 좋아요.

12 카드지에 붙여주세요.

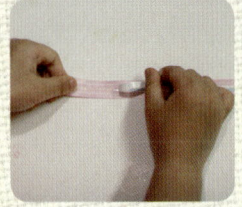
07 리본에 붙어 있는 양면테이프의 한쪽 끝을 살짝 떼어낸 뒤 아이에게 벗기게 해주세요. 아이들은 양면테이프 벗기는 걸 너무 좋아합니다.

13 줄기의 끝부분과 리본이 만나는 부분에 작은 리본을 하나 묶어서 붙여주면 더 깔끔하답니다.

감성지수 높여주는 또 다른 기념일

부활절 달걀바구니

요즘은 부활절 달걀도 다 포장이 되어서 나오더라고요. 하지만 그건 너무 재미가 없잖아요. 아이와 함께 직접 달걀을 장식하고 달걀바구니를 만들어보세요. 종이컵을 이용하는 간단한 포장법인데, 생일이나 할로윈 파티 때 사탕바구니로 활용해도 좋답니다.

미리 준비하세요

종이컵, 가위, 핑킹가위, 미니 리본 2개, 실리콘, 매직

01 종이컵의 윗부분에 말려 있는 부분만 잘라낼 거예요. 이건 나중에 손잡이로 쓸 거랍니다.

05 실리콘으로 붙일 건데, 글루건을 이용하면 화상의 위험이 있기 때문에 엄마가 도와주시는 게 좋습니다.

02 잘라낸 부위를 핑킹가위로 한 번 더 잘라줍니다.

06 손잡이를 붙인 부분에 작은 리본이나 액세서리를 붙여주면 더욱 깔끔하겠죠?

03 이 정도면 준비는 다 된 거예요.

07 이제 매직이나 사인펜을 이용해서 컵에 장식을 해줍니다.

04 사진처럼 붙일 건데, 손잡이가 너무 길면 적당하게 잘라서 사용하세요.

08 이렇게 해서 쉽고도 간단하게 바구니 하나 뚝딱 만들었습니다.

PART 5
창의력을 키우는 상자,
벽장식 만들기

아이들 방이나 거실, 어떤 공간이건 밋밋한 벽을
채우자면 한도 끝도 없지요.
이럴 때는 작은 액자 하나 만들어서 걸어보세요.
위치만 잘 잡아서 걸면 작은 액자 하나로도
허전함을 메울 수 있답니다.
아이들 작품이나 사진을 넣으면 더욱 좋겠죠?
또 액자가 아니라도 벽 꾸미는 방법은 다양합니다.

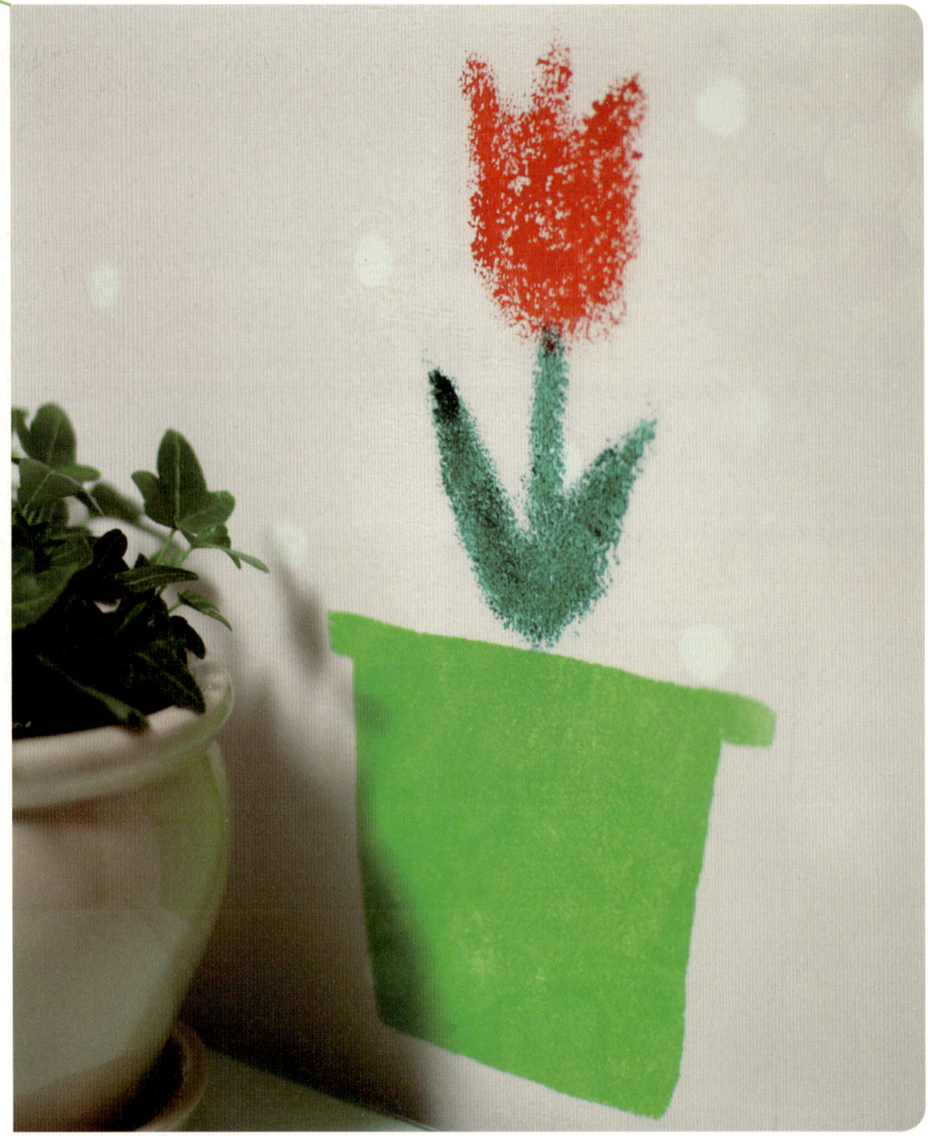

31 손쉬운 스텐실과
스탬핑 기법으로 벽 꾸미기

벽을 장식하는 방법에는 여러 가지가 있습니다. 액자를 만들어 거는 것도 멋진 장식법이고, 색종이 접기를 해서 붙여도 재미있지요. 때론 벽에 직접 그림을 그리거나 스텐실을 해보는 것도 색다르답니다. 또 가끔은 스탬핑 기법을 동원할 수도 있죠. 이번에는 스텐실과 스탬핑 기법을 동시에 이용해서 벽을 장식해볼까요?

미리 준비하세요

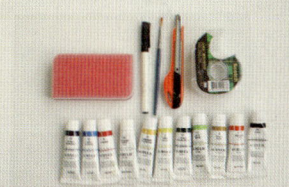

수세미, 아크릴물감, 손 코팅 필름, 가위,
네임펜, 스펀지

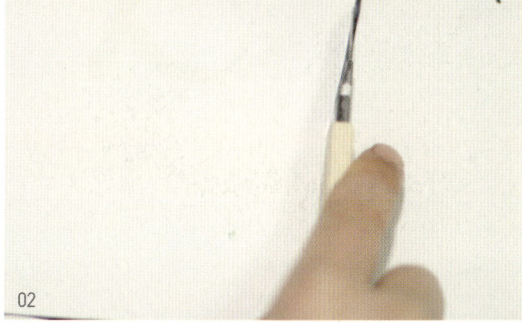

01 손 코팅 필름이나 아세테이트지를 이용해서 그림을 그려줍니다. 여기서는 튤립 화분을 그려보겠습니다. 손 코팅 필름을 이용하면 나중에 비닐을 떼어낸 뒤 벽에 붙이고 스탠실 작업을 하면 벽에 밀착되어 밀리지 않으니까 아주 편하답니다. 손 코팅 필름이 없으면 아세테이트지 위에 그림을 그리고, 스탠실 작업을 할 땐 스카치테이프로 붙여주면 됩니다.

02 그려놓은 화분의 테두리 부분을 칼로 잘라냅니다.

03 이제 화분에 심어줄 꽃을 만들어볼까요? 주방용 수세미를 하나 준비해서 그 위에 튤립을 그려줍니다. 마땅한 수세미가 없으면 우드락이나 두꺼운 도화지를 이용하셔도 좋아요.

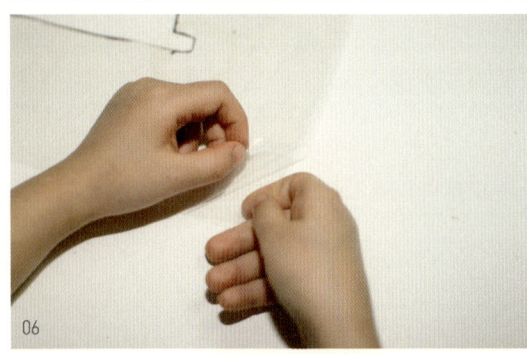
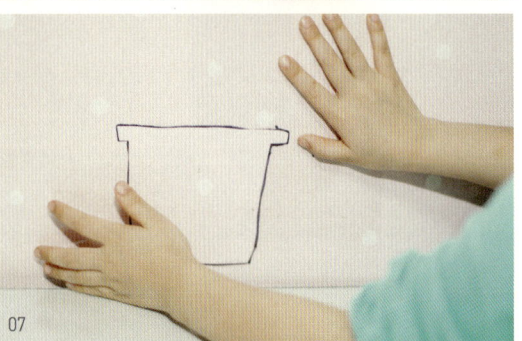

04 튤립을 가위로 오려줍니다.
<u>가위질 자체는 어렵지 않은데, 수세미가 두꺼우면 아이들이 자르기 힘들어할 거예요. 그럴 땐 엄마가 도와주세요.</u>

05 요렇게 튤립 한 송이가 되었나요?

06 이제 손 코팅 필름 뒤의 얇은 비닐을 벗겨주세요.

07 끈적끈적한 부분을 벽에 붙여주세요.

08 아크릴물감을 스펀지에 묻혀서 오려낸 화분자리에 톡톡 찍어줍니다.

09 꼼꼼하게 칠해졌으면 이제 벽에서 코팅지를 떼어냅니다. 깔끔한 화분이 되었지요?

10 이제 꽃을 만들어볼까요? 오려놓은 수세미 튤립의 꽃 부분에 빨간색 아크릴물감을 듬뿍 짜주세요.

11 스펀지로 톡톡 찍어가며 물감을 수세미에 묻혀줍니다.

12 이파리 부분에는 녹색 물감을 묻혀주세요.

13 이제 잘 찍어주시면 되겠지요? 제일 중요한 건 꽃이 기울어지면 안 된다는 거예요. 이건 아무래도 엄마가 도와주시는 게 좋을 것 같아요. 저는 꽃이 기울면 볼 때마다 신경이 쓰이더라구요.

14 충분히 눌러주셨으면 이제 수세미를 살살 떼어내세요. 잘 안 찍힌 부분은 스펀지로 톡톡 찍어가며 수정을 해주시면 됩니다.

Part 5 창의력을 키우는 상자, 벽장식 만들기 163

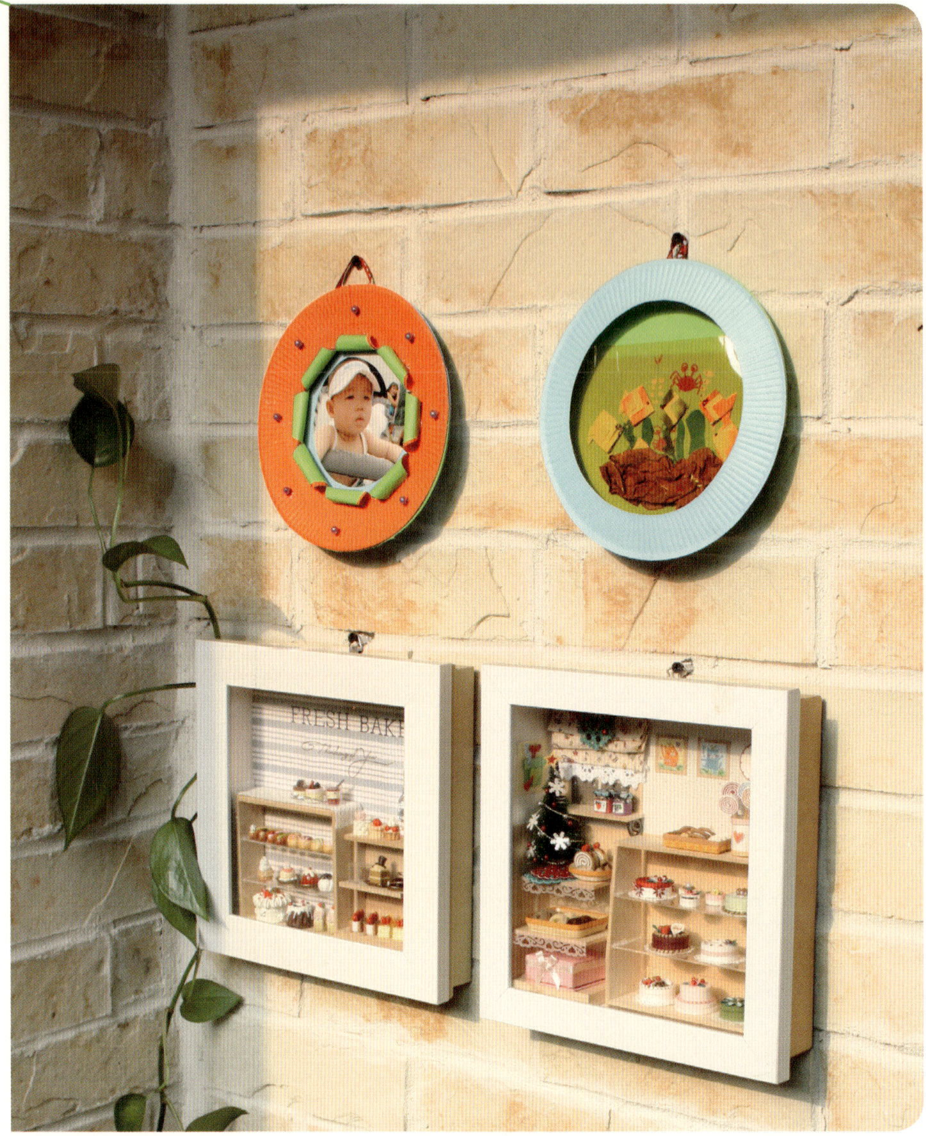

32 종이접시 색깔을 활용한 입체 액자

종이접시는 색깔이 참 다양하게 나와 있답니다. 이 색깔들을 활용해 액자를 만들면 멋진 벽장식을 만들 수 있답니다. 재질이 종이라서 아이들이 다루기도 쉽고, 가벼워서 어디에 걸어도 부담이 없어요. 색깔별로 만들어 나란히 걸어두면 장식효과도 아주 뛰어나답니다.

미리 준비하세요

종이접시(주황색, 연두색, 하늘색), 사진, 리본, 글루건, 가위, 자, 작은 구슬

동그란 액자는 흔치 않아서 더욱 예뻐요.

01 연두색 종이접시 위에 세로로 긴 선을 그려주세요.

02 이번엔 가로로 선을 그려주시고 대각선으로도 각각 선을 그려주세요.

Part 5 창의력을 키우는 상자, 벽장식 만들기　165

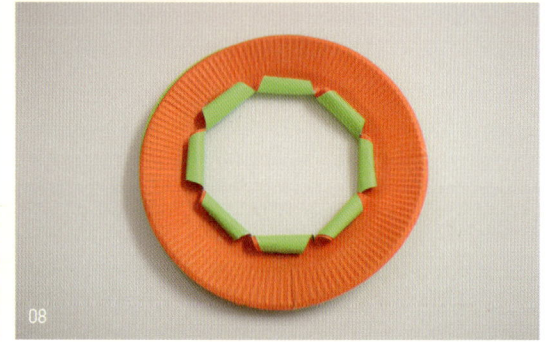

03 선이 그려진 연두색 접시 아래 주황색 접시를 겹쳐 놓습니다. 이때 두 장의 접시 옆에 맞춤선을 그려 놓으면 나중에 접시를 다시 맞출 때 편리하답니다.

04 이제 그려진 선을 따라 조심스럽게 칼집을 넣습니다. <u>이 부분은 칼을 다뤄야 하니까 엄마가 도와주셔야 합니다.</u>

05 밑에 있는 주황색 접시까지 한꺼번에 잘라주시는 것 잊지 마시고요.

06 접시 두 장을 잘 겹쳐서 칼질한 부분을 끝부분부터 돌돌 말아주세요.

07 이렇게 끝까지 말아주시면 되는데, 마지막에 글루건을 살짝 발라서 붙여주셔야 고정이 된답니다.

08 나머지 부분들도 모두 이렇게 돌돌 말아주세요.

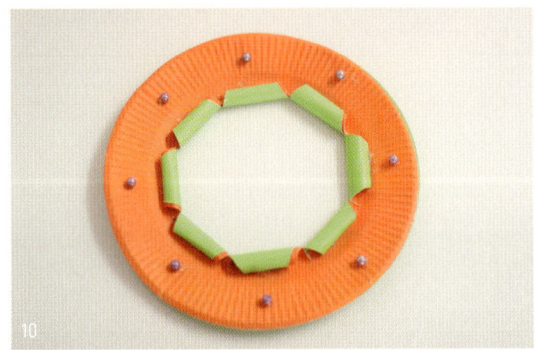

09 이렇게 마무리를 하면 조금 허전해 보이니까 작은 구슬을 붙여 장식을 합니다.

10 저는 한 칸에 한 개씩 붙였는데 중간 중간 하나씩 더 붙이셔도 될 것 같아요.

11 이제 액자에 넣을 사진을 준비해주세요. 사진 위에 동그라미를 그려 잘라낼 건데요, 템플릿이 있으면 좋지만, 없으면 사진처럼 테이프나 컵을 활용하셔도 됩니다.

12 사진을 잘라서 하늘색 접시 위에 붙여주세요.

13 이번엔 고리를 달아볼 건데요, 글루건을 이용해서 사진 위쪽에 리본을 붙였습니다.

14 미리 만들어둔 주황색 접시를 하늘색 접시 위에 붙여주시면 끝입니다.

plus item_ 다른 디자인의 장식 액자

마카로니로 장식한 핸디코트 액자

박스종이에 핸디코트를 발라 색다른 느낌의 액자를 만들었습니다. 핸디코트는 흘러내리지 않고 양감을 살리기 좋아서 아이들 공예에도 활용도가 큽니다. 아이들이 좋아하는 귀여운 곰돌이 모양의 마카로니로 장식해보았습니다.

미리 준비하세요

마카로니, 박스 종이, 핸디코트, 물감(녹색, 파랑), 칼, 나이프, 사진 스탠드

01 종이 박스를 적당한 크기로 잘라 준비해주세요.

03 핸디코트를 사용할 양만큼만 종이컵에 덜어주세요. 잘 굳으니까 뚜껑은 꼭 덮어주시구요.

02 사진 사이즈에 맞게 칼로 잘라 액자틀을 만듭니다. 핸디코트는 어디든 잘 붙지만 잘 떨어지지도 않아요. 꼭 바닥에 비닐이나 종이를 깔고 작업하세요.

04 녹색과 파랑색 물감을 조금씩 섞어보겠습니다.

05 마블링 같은 효과를 원하시면 몇 번만 저어주시구요, 그냥 자연스러운 색을 원하시면 마구마구 섞어주세요.

08 옆면도 꼼꼼하게 발라서 마무리를 해줍니다.

06 이제 잘라놓은 골판지에 발라주시면 되는데요, 나이프를 사용하셔도 좋고 아님 손가락으로 그냥 발라주셔도 됩니다.

09 전체적인 균형을 보아가면서 마카로니를 붙여주세요.

07 나머지 부분도 조금씩 칠해갑니다.

10 다 붙이셨으면 꼭 마감제나 투명래커를 뿌려주세요. 안 그럼 벌레가 생길 수 있답니다.

Part 5 창의력을 키우는 상자, 벽장식 만들기

33 플레이콘으로 만든 액자

수수깡 같기도 하고, 뻥튀기 같기도 하고……. 이게 뭘까요? 아이들에게 보여주면 도대체 모르겠다는 표정으로 고개를 갸우뚱거리며 쳐다보지요. 더 재미있는 것은 요게 물만 묻혀주면 척척 달라붙는 마술을 부린다는 겁니다. 아이와 함께 멋진 마법의 세계에 빠져보시는 건 어떨까요?

미리 준비하세요

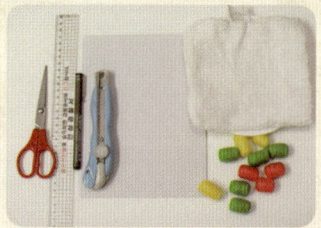

플레이콘, 두꺼운 도화지, 물수건, 가위, 자, 연필, 칼

01 두꺼운 도화지를 준비해 사진보다 사방이 4cm 정도씩 크게 잘라줍니다.

02 이제 안에 사진이 들어갈 부분을 잘라야 하는데요, 사진보다 약간 작은 사이즈로 잘라주셔야 사진이 빠져나오지 않겠지요?

03 재단이 다 되었으면 플레이콘을 붙여보도록 하겠습니다. 물수건에 물을 촉촉이 적신 다음 플레이콘을 톡톡 찍어서 그냥 종이에 붙여주기만 하면 됩니다.

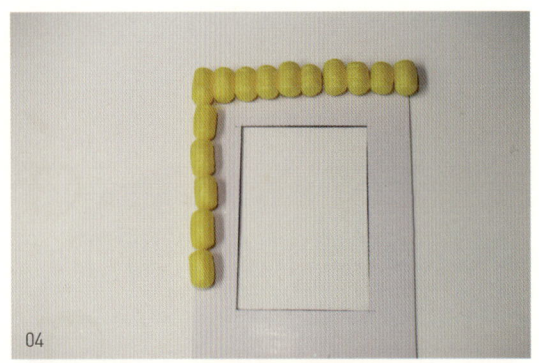

04 줄을 맞춰서 하나씩 붙여주세요.

05 종이 가득 플레이콘을 붙여주세요.
물을 묻혀서 너무 오랜 시간이 지나면 플레이콘이 수축하니까 주의하세요!

06 이제 꽃의 가운데 부분에 들어갈 꽃씨를 만들어볼 건데요, 노란색과 잘 어울리는 녹색으로 만들어보겠습니다.
플레이콘을 구입하면 빵칼처럼 생긴 플라스틱 칼이 들어 있는 것도 있는데요, 만약 없으면 그냥 가위로 반을 싹둑 잘라주세요.

07 손으로 동글동글 모양을 잡아서 물수건에 톡톡! 이제 노란색 액자에 붙여줍니다.

08 녹색의 꽃씨 주위로 꽃잎을 붙여볼 건데요. 꽃잎은 5개일 수도, 6개일 수도 있겠지요?
위험하거나 힘든 작업이 아니니까 아이가 자신만의 멋진 솜씨를 발휘할 수 있도록 지켜봐주시는 게 좋을 것 같아요.

09 이제 봄을 닮은 멋진 꽃 액자가 완성이 되었습니다. 제법 근사하지요?
남은 플레이콘으로 거울이며 아이들의 작은 소품도 함께 리폼해보는 건 어떨까요?

Tip box

플레이콘으로 만들 수 있는 다른 소품들

플레이콘은 아이들도 쉽게 활용할 수 있는 재료이니까 두루 활용해보세요. 구상하기에 따라서 활용도가 무궁무진하답니다. 예쁜 집이나 아이스 바, 꽃, 잠자리 등 아이가 만들고 싶어 하는 건 뭐든지 만들 수 있죠. 같은 소품이라도 색깔을 바꿔가면서 만들면 아이들의 컬러감각도 키워줄 수 있답니다. 만드는 법은 앞에서 배운 대로, 물을 살짝 묻혀서 척척 붙여주기만 하면 된답니다.

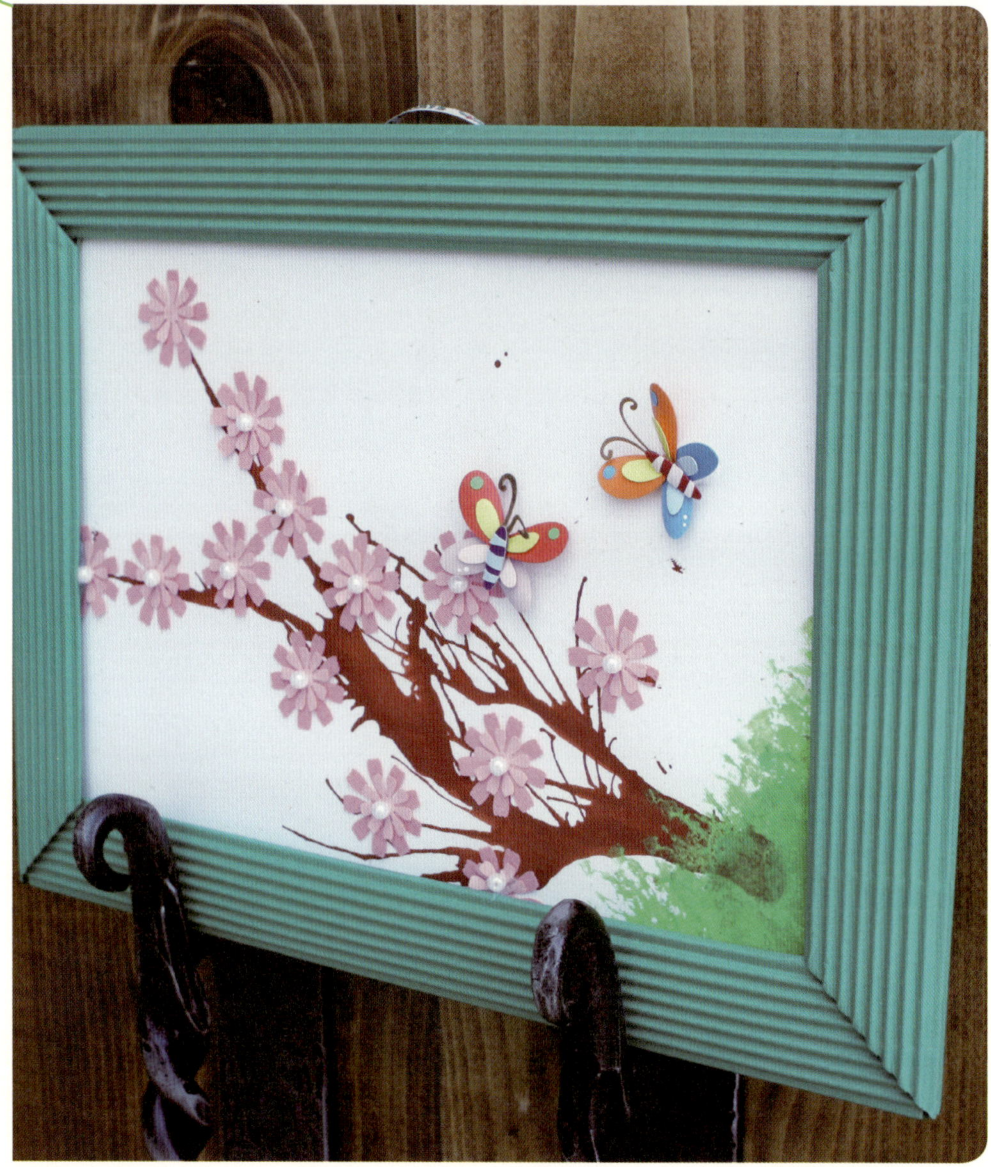

34 아이가 직접 만든 골판지 액자

골판지는 다른 종이와 달리 양감이 있어서 액자를 만들면 도톰한 느낌이 아주 멋스럽답니다. 어떻게 보면 나무 같기도 하지요? 귀퉁이의 이음색 부분만 잘 맞춰서 만들면 어디에 걸어도 손색이 없을 만큼 멋진 액자가 된답니다. 아이가 직접 그린 작품을 넣어주시면 더욱 좋답니다.

미리 준비하세요

골판지, 실리콘, 양면테이프, 칼, 가위, 액자에 넣을 그림, 폼보드

01 골판지를 8cm 정도 폭으로 잘라 준비해주세요. 골판지 한쪽을 1.5cm 정도로 접어서 준비하세요.

02 접은 종이가 그림과 맞닿도록 놓은 다음 끝부분을 손톱으로 살짝 눌러 자국을 내주세요.
<u>액자틀의 폭은 자유롭게 결정하시면 됩니다~</u>

Tip box

그림 뒤에 폼보드 붙이기

그림은 A4 사이즈를 기준으로 한 거예요. 그림 뒤에 폼보드를 붙여 튼튼하게 해주셔야 하는데, 양면테이프 떼는 걸 아이들이 직접 할 수 있게 해주면 정말 좋아한답니다. 똑같은 사이즈가 아니라도 상관없고 삐뚤삐뚤 잘려도 상관없으니까 아이들이 자유롭게 할 수 있도록 기회를 만들어주세요. ^^

Part 5 창의력을 키우는 상자, 벽장식 만들기

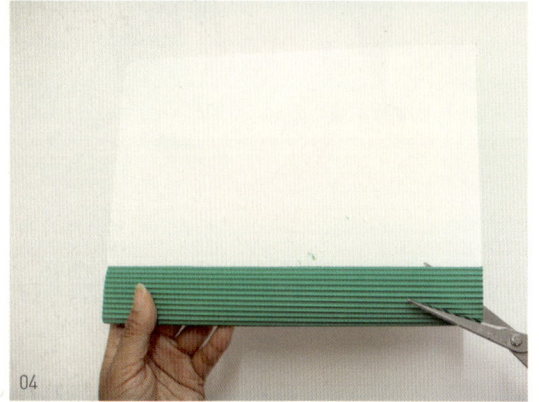
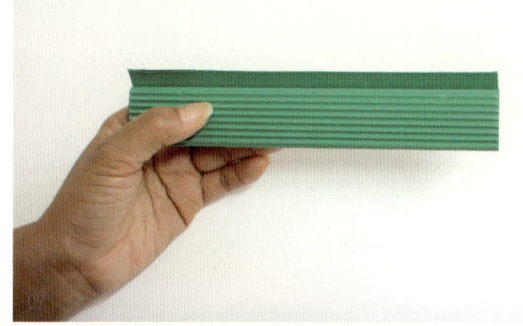

03 칼이나 가위를 이용해서 골판지의 길이를 그림에 맞춰 잘라주세요. 1에서 접어두었던 1.5cm를 실리콘으로 붙여주세요. 이건 엄마가 해주세요!

04 그림을 뒤집은 뒤 뒷부분의 골판지 끝을 45도 정도로 잘라줍니다. 위쪽도 같은 방법으로 만드는데, 이때는 골판지의 골수를 일일이 세어서 개수를 맞춰줘야 액자의 크기가 똑같아집니다. 아이에게 직접 세게 해보세요.

05 이번엔 옆부분을 만들 건데요, 길이를 재서 자르는 방법은 똑같습니다.

06 그림이 들어갈 안쪽 사이즈도 재봐야 하는데요, 손톱을 이용해서 살짝 자국을 내주세요.

07 역시 골 수를 같게 해서 접어주세요.

08 골판지의 끝부분을 자국이 있는 곳까지 45도 각도로 잘라주세요. 이제 완전히 펴서 뾰족하게 된 곳을 잘라주세요. 골판지 2장이 겹치면 너무 두꺼워지니까요. 액자 뒷부분도 45도로 자르는 거 아시죠?

09 모서리 4군데 모두 손봐주시면 대강 모양이 나온답니다.

10 여기에 장식 소품 몇 가지 더하면 액자가 더욱 예뻐집니다.

11 액자 뒤쪽은 빵끈을 이용했습니다. 끝부분은 골판지 조각을 조금 잘라 붙여서 마무리를 해주세요. 이때 실리콘을 사용하면 간단하게 붙일 수 있지만 아이들과 함께 만들기를 할 땐 가급적 무독성 풀을 사용하시는 게 좋아요.

엄마가 만들고 아이가 즐거운

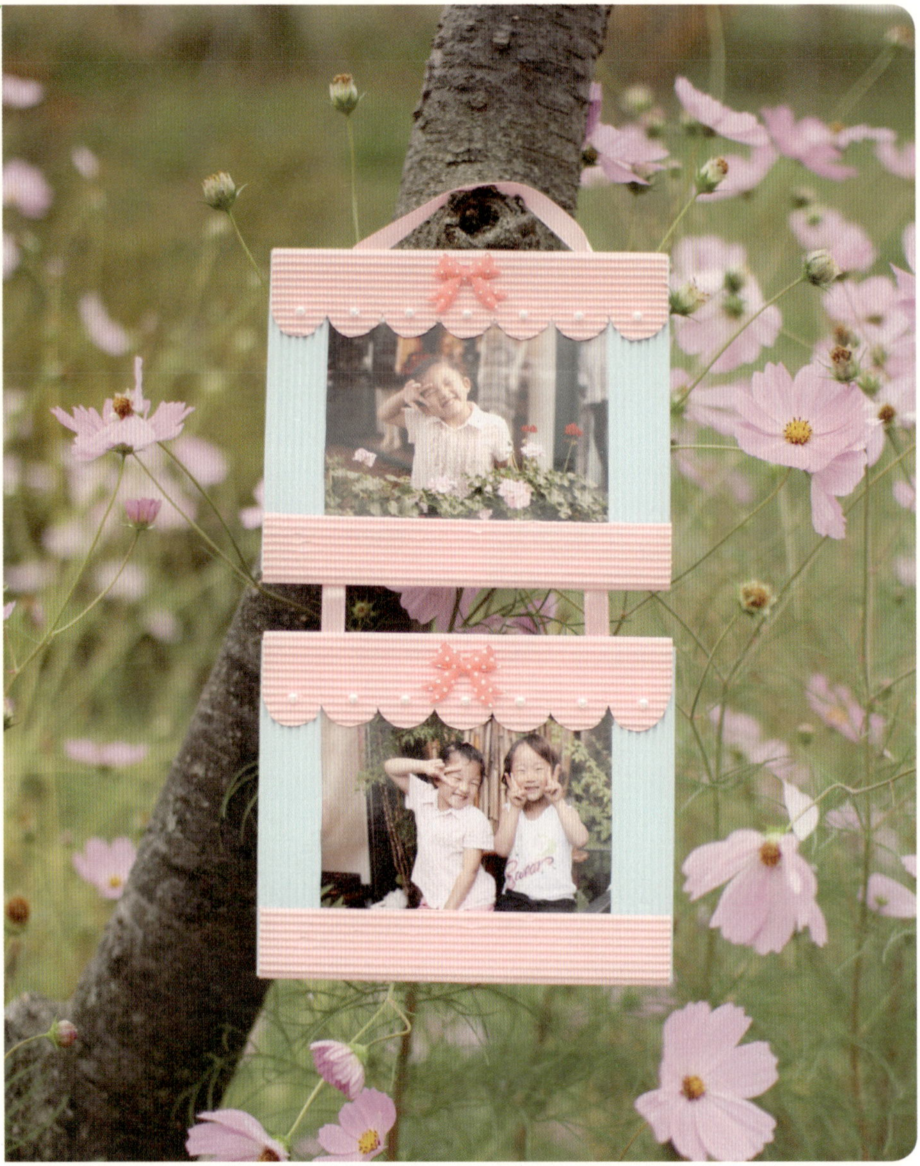

35 골판지를 이용한 2단액자

 예쁜 색깔의 골판지와 종이 레이스를 이용해서 사랑스러운 액자를 만들어보세요. 활짝 웃는 아이의 얼굴이 더욱 예뻐 보일 거예요. 아이가 좋아하는 색을 이용해 하나씩 접어가며 만들고 작은 구슬도 하나씩! 포인트로는 리본도 하나! 그 외에도 다양한 소품을 활용할 수 있답니다.

미리 준비하세요

사진 2장(13.5×10cm), 분홍색 골판지 2장(18×22cm), 하늘색 골판지 2장(6×14.5cm), 원형 자, 본드, 포인트 리본, 분홍 리본 60~70cm, 가위, 글루건, 연필, 양면테이프, 진주 구슬

01 분홍색 골판지의 아랫부분을 3cm 정도 접어줍니다. 그리고 사진을 넣고 윗부분도 살짝 접어보세요. 이땐 레이스 처리할 것까지 감안해서 1~2cm 정도 여유를 두셔야 해요. 저는 1cm의 여유를 두어서 4cm 정도 접어보았습니다.

02 하늘색 골판지를 반으로 접어서 양쪽에 끼워 넣을 건데요, 저는 그냥 양면테이프를 사용했습니다.

03 이제 아랫부분에 접어두었던 분홍 골판지를 접어 올리겠습니다.

04 사진의 끝부분이 0.2~0.3cm 정도 가려지도록 붙여주세요.

05 이제 윗부분을 해볼 건데요, 깔끔한 마무리를 원하시면 그냥 접어서 하면 되지만 오늘은 레이스 처리하는 걸 해보겠습니다. 우선 원형자를 이용해서 원하는 크기의 원을 골판지 끝 쪽에 이어 그려주세요.
끝부분이 딱 떨어지지 않으면 원형의 크기를 약간 조절해주시면 됩니다.

06 가위를 이용해서 조심조심 잘라주세요.
골판지로 원을 오리는 게 쉽지 않아요. 여기선 엄마가 도와주세요.

07 원이 7개 나왔네요. 이 정도면 딱 예쁩니다.

08 레이스의 중간 중간에 본드를 한 방울씩 찍어줍니다.

09 본드가 칠해진 곳에 진주를 하나씩 붙여주세요.

10 마지막으로 포인트가 되는 리본을 하나 붙여주세요. 이렇게 2개의 액자를 만들어주세요.

11 긴 리본을 이용해서 뒷부분을 이어 붙여주시면 됩니다.

12 2단 액자가 완성되었습니다 아이들 웃는 모습도 더욱 돋보이는 것 같죠?

6세 이상 엄마가 만들고 아이가 도와주

36 골판지감기로 만든 꽃 액자

골판지공예를 하다 보면 처치곤란한 자투리 종이들이 남게 된답니다. 버리자니 아깝고, 모아두면 어딘가 쓸모가 있을 것도 같고……. 당연히 멋지게 쓸 수가 있지요. 이런 골판지들을 모아서 예쁜 작품 하나 만들어볼까요?

미리 준비하세요

우드락이나 폼보드(10×20cm), 종이 (15×25cm), 골판지, 양면테이프

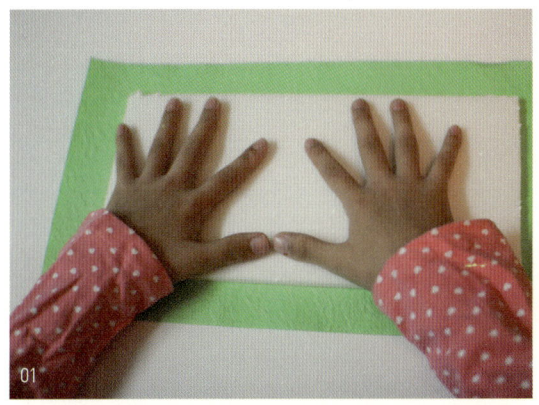

01 준비한 종이를 양면테이프를 이용해 우드락이나 폼보드에 붙여줍니다.

02 어릴 때 책표지를 싸보셨어요? 바로 그 방법을 이용할 거예요. 네 군데의 모서리를 잘라주시는데요, 너무 바짝 자르지 마시고 0.1cm 정도 여유를 두고 잘라주셔야 예쁘게 마무리가 됩니다.

03 이제 네 군데에 양면테이프를 붙여주세요.

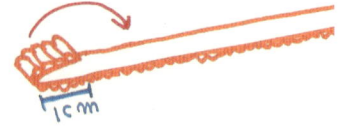

04 양면테이프를 하나씩 벗겨가며 붙여주시면 됩니다.

05 도트펜을 이용해서 흰색 물감을 찍어서 색지의 테두리를 장식해보았습니다.
<u>도트펜이 없으면 젓가락 끝을 잠깐 사용하셔도 됩니다.</u>

06 띠지 4분의 1을 잘라서 기본감기로 감아준 다음 액자에 붙여봅니다.
<u>주위에 꽃잎을 붙여야 하니까 너무 바깥쪽으로 붙이지 않도록 지도해주세요.</u>

07 이제 꽃잎을 만들어볼 건데요, 처음 시작하는 부분을 1cm 정도 접고 시작하면 됩니다.

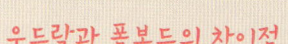

우드락과 폼보드의 차이점

우드락은 그냥 스티로폼으로만 되어 있어서 자르기는 쉽지만 튼튼하지는 않습니다. 이건 어린이집 같은 데서 글씨를 만들거나 꽃 모양 등을 오려서 색칠할 때 주로 사용하는 재료랍니다. 반면 폼보드는 양쪽에 단단한 종이로 마무리가 되어 있어서 자르기는 어렵지만 튼튼하기 때문에 사진보드나 액자를 만들 때 사용하시면 좋습니다.

Tip box

08 본드를 칠해서 마무리를 해주시는데, 본드가 마를 때까지 잠깐 잡아주시는 게 좋아요.

09 이제 줄기를 만들어볼까요? 줄기는 띠지를 반으로 접은 다음 가운데 본드를 칠해서 마무리를 해주시면 됩니다.

10 줄기는 세워서 붙일 거니까 한쪽 단면에 본드를 칠해주면 되는데, 약간 휘게 해서 붙여주시면 더욱 자연스런 나뭇잎이 됩니다.

11 줄기를 하나만 해주셔도 되지만 한두 개 정도 더 해주시면 더욱 풍성한 액자가 된답니다. 줄기 끝에는 이파리나 꽃잎을 붙여주셔야 자연스러워진다는 것도 잊지 마세요.

12 이제 만들어둔 이파리를 중간 중간에 붙여서 마무리 해주시면 됩니다.

★★☆☆☆ 5세 이상 아이가 만들고 엄마가 도와요

37 물감불기를 이용한 꽃나무액자

갈색 물감 한 방울 떨어뜨리고 후후 불었더니 어느새 멋진 나무가 되었습니다. 하나 둘 꽃도 붙여주고 가지고 있던 나비도 붙였더니 감탄스러울 정도로 멋진 꽃나무로 변신했습니다. 하나 하나 붙여나가는 과정을 거칠 때마다 아이의 미소도 커져갑니다.

미리 준비하세요

도화지, 물감, 붓, 팔레트, 데이지 펀치 (중, 소), 분홍 디자인지, 녹색 종이, 진주 구슬, 본드, 나비

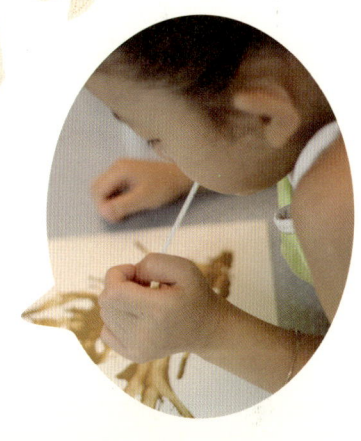

01 팔레트에 물감과 물을 적당히 혼합해주세요. 너무 되게 섞으면 잘 퍼지지 않아서 아이가 불 때 힘이 듭니다. 물을 넉넉하게 섞어주세요.

02,03 물감을 부는 방법은 두 가지가 있습니다. 그냥 입으로 부는 것과 빨대를 이용해서 부는 방법이 있는데, 입으로 불면 물감이 전체적으로 퍼지고 빨대로 불면 원하는 방향으로 퍼지도록 할 수 있으니 용도에 따라 선택하시면 됩니다.

Part 5 창의력을 키우는 상자, 벽장식 만들기 187

04 어느 정도 나무 모양이 만들어졌으면 이제 꽃을 붙여볼 건데요, 우선 데이지 펀치를 이용해서 분홍색 디자인지를 펀칭해보겠습니다.
아이들은 펀치 찍는 것을 너무 좋아하지만 사실 손이 아파요. 몇 개만 아이에게 해보게 해주시고 나머지는 엄마가 도와주세요.

05 군데군데 본드를 좁쌀 만하게 찍어주고 큰 꽃잎만 붙이도록 해줍니다.

06 큰 꽃잎이 다 붙여지면 꽃잎 가운데 또 본드를 칠하고 작은 꽃잎을 붙여주세요.
5살 정도의 아이라면 혼자서도 본드를 충분히 칠할 수 있지만 본드를 너무 많이 짜지 않도록 옆에서 지도를 해주셔야 합니다.

07 가운데 진주 구슬을 붙여서 꽃을 마무리해주세요.
그냥 테이블에 진주를 늘어놓으면 여기저기 굴러다녀서 아이가 붙이기 힘드니까 작은 접시에 담아주세요!

08 잔디처럼 보이도록 녹색 종이를 조금 잘라서 붙여주세요.

09 전 나비를 붙여봤는데요, 꼭 나비가 아니더라도 가지고 계신 소품을 활용해보세요. 소품이 없으면 구름을 그려보세요. 시원한 느낌이 들 거예요.

10 이제 액자에 넣기만 하면 작품 완성입니다.

38 달걀판과 스티로폼 공을 이용한 달력

평범한 달걀판도 멋지게 재활용할 수 있답니다. 버릴 때마다 어딘가 쓸 데가 있지 않을까 하는 생각을 하곤 하셨죠? 조금만 수고하면 이렇게 멋진 입체 달력을 만들 수 있답니다. 달이 바뀔 때마다 숫자 하나하나를 옮겨가며 아이는 공부가 아닌 놀이로 숫자를 익히게 될 거예요.

미리 준비하세요

달걀판 3개, 스티로폼 공, 수수깡, 아크릴물감, 팔레트, 매직테이프(까칠이와 보들이), 이쑤시개, 칼, 본드, 매직, 붓

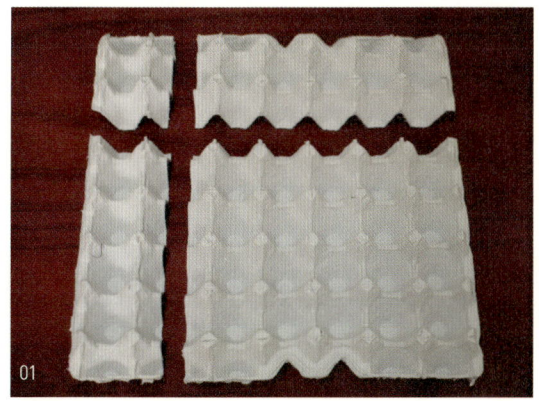

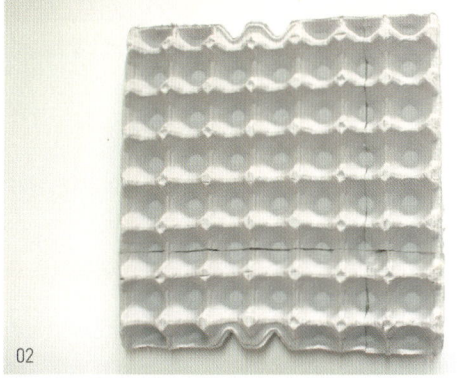

01 달걀판 하나를 그냥 활용하면 정말 좋겠지만 요일, 날짜가 부족하더라구요. 그래서 사진처럼 다른 달걀판을 잘라서 붙여줘야 합니다.

02 붙이실 땐 본드를 사용하면 간단하답니다.

03 이제 달걀판을 칠해볼 건데요, 물감은 달걀판을 세 번 정도 칠해줄 양으로 넉넉히 준비해둡니다. 달걀판이 생각보다 물감이 예쁘게 발리지 않아서 여러 번 덧칠해줘야 하거든요.

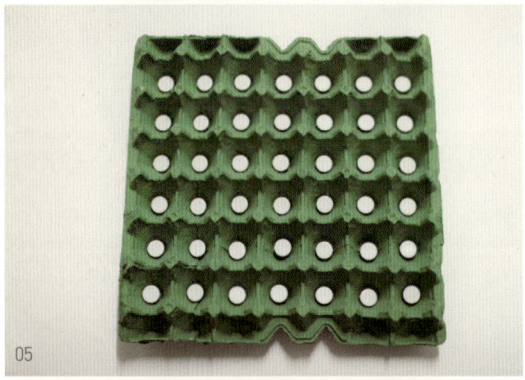

04 스티로폼 공이 동그랗기 때문에 아주 아랫부분까지 안 닿습니다. 수수깡을 잘라 달걀판에 붙여서 높이를 조절해주면 좋습니다.

05 수수깡을 붙인 자리에 매직테이프 중 까칠이를 붙여줍니다.

06 스티로폼 공에 아크릴물감을 칠하는데, 토요일엔 하늘색, 일요일엔 분홍색을 칠하는 게 좋을 것 같아요.
<u>스티로폼 공이 동그랗기 때문에 물감을 칠하기가 힘들어요. 그럴 땐 이쑤시개를 2개 준비해서 아랫부분에 살짝 찔러주세요. 매직테이프가 붙을 자리이기 때문에 상처가 조금 남아도 상관없습니다.</u>

07 토요일과 일요일만 채색하니까 수량이 많지 않아 사진처럼 건조를 시키면 간단해요. 쓰러지지 않도록 주의하세요!

08 이쑤시개를 제거하고 그 자리에 보들이를 붙여주세요.

09 매직을 이용해서 숫자와 요일을 써주시면 작업은 끝입니다.

10 이렇게 해서 하나하나 제자리를 찾아주면 멋진 달력이 완성됩니다.

Part 5 창의력을 키우는 상자, 벽장식 만들기

5세 이상 아이가 만들고 엄마가 도와요

39 종이컵으로 만든 재활용 액자

가끔은 집에서도 종이컵을 써야 할 때가 있습니다. 그러고 나면 남은 컵들은 묵히게 되잖아요? 바로 이런 것들을 재활용하는 겁니다. 종이컵에 그림을 그리게 하면 아이들이 무척 좋아한답니다. 예쁘게 그려진 아이의 그림을 모아두었다가 이렇게 작은 액자에 붙여주세요. 간단한 작업만으로도 멋진 작품이 되거든요.

미리 준비하세요

소품 액자, 종이컵 4개, 사인펜, 양면테이프나 본드

01 종이컵 아랫부분에 선을 그어 표시해준 뒤 칼로 조심해서 잘라줍니다.

02 이제 코팅되지 않은 부분에 그림을 그려줍니다.

03 이렇게 해서 4개를 완성해주세요. 그림을 크게 그릴수록 멋진 작품이 된답니다.

04 액자 앞면에 종이컵을 붙여주세요.

05 이제 액자만 끼워주면 완성입니다. 어때요? 보기보다 간단하지요?
<u>액자의 색을 달리 해도 색다른 작품이 된답니다.</u>

PART 6
경제감각을 가르쳐주는 생활소품 만들기

평범한 재료로 만드는 멋진 생활소품이나 재활용품으로
만드는 색다른 장식품은 아이들에게 경제감각을
가르치는 데 아주 효과적인 공예놀이랍니다.
엄마의 알뜰한 살림솜씨를 보여주고,
그 가운데 만드는 재미까지 누릴 수 있다면
더없이 좋겠죠? 아이와 함께 해보세요.
내 손으로 직접 만드는 일의 소중함까지 배우게 된답니다.

★★★
☆☆☆ 5세 이상 엄마가 만들고 아이가 도와요

40 쉽고 간단한 주름지 밸런스

주름지는 아이들이 가장 재미있어하는 공예 소재랍니다. 까슬까슬하면서도 부드럽게 늘어나는 신기한 종이가 아이들의 호기심을 자극시켜주지요. 특히 주름지로 레이스를 만들면 장식 효과도 아주 뛰어나답니다. 아이와 함께 만들어 아이의 방이나 현관에 붙여보세요. 조금 길게 만들어서 창문에 활용해보는 것도 굿 아이디어!

미리 준비하세요

그라데이션된 분홍 주름지, 흰색 주름지,
뽕뽕이, 실리콘, 가위

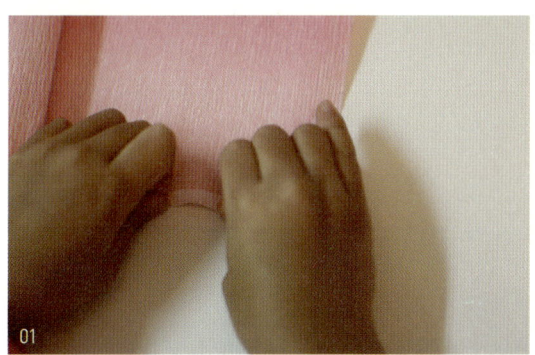

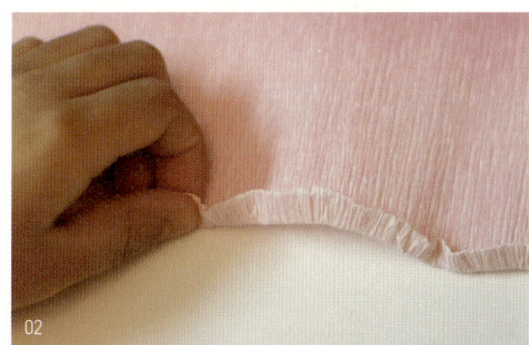

01 가로 길이는 나중에 설치할 공간 사이즈를 재주시구요, 세로는 30cm 정도로 준비해주세요. 기본 재단이 되었으면 끝부분을 1cm 정도 쭈욱 접어주세요.

02 한 번을 더 접어 올려줍니다. 두 번을 접어주면 끝이 더 예쁘게 마무리가 됩니다.

03 이제 접어놓은 주름지를 뒤집어서 1cm 접었던 부분을 4cm 정도 접어주세요.

Part 6 경제감각을 가르쳐주는 생활소품 만들기

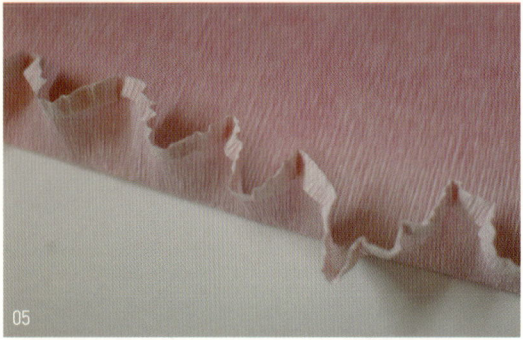

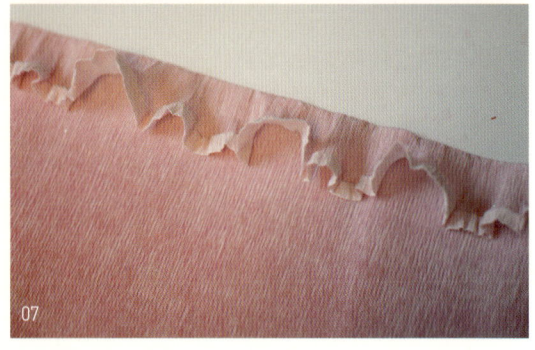

04 그럼 이제 1cm 접었던 부분을 양쪽 엄지와 검지를 이용해서 양쪽으로 잡아당기며 펴주세요.

05 물결 모양의 레이스가 완성되었나요?

06 이제 아랫부분을 만들어볼 거예요. 주름지의 방향을 돌려서 레이스 부분이 위로 가게 해주세요.

07 주름지의 결대로 접은 게 아니기 때문에 레이스가 자꾸 들뜰 거예요. 양면테이프나 실리콘을 이용해서 중간 중간 붙여주세요.

08 아랫부분도 위쪽과 같은 방법으로 1cm씩 두 번 접어주세요.

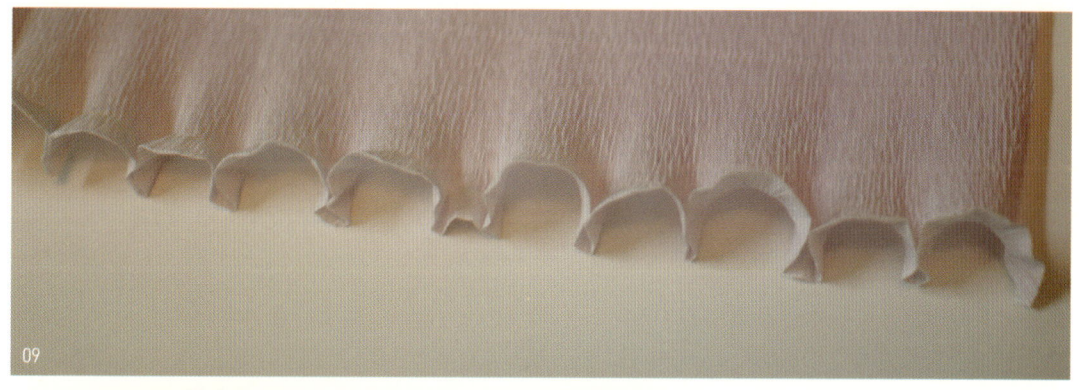

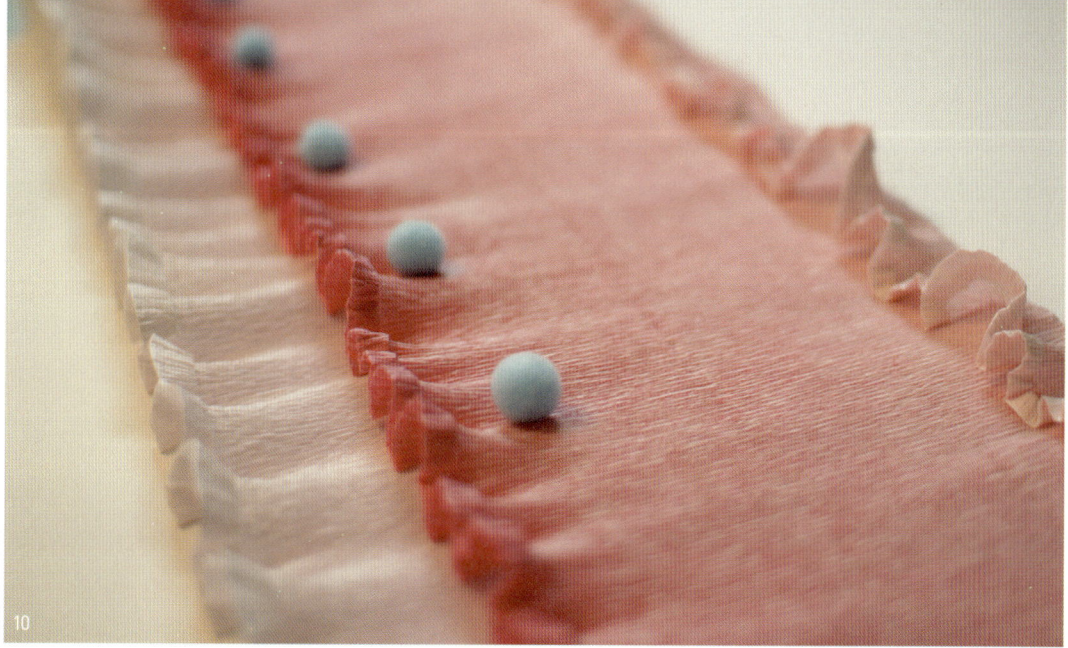

Tip box

뽕뽕이는 만들기에서 자주 사용하는 아크릴 솜 볼을 가리키는 거예요. 크기도 컬러도 다양해서 장식용으로 사용하면 아주 좋답니다. 딱풀로도 쉽게 붙일 수 있어 아이들이 아주 좋아한답니다.

09 흰색 주름지의 한쪽 면도 같은 방법을 이용해서 두 번 접어주세요.

10 작업한 분홍색 주름지 뒤에 완성된 흰색 주름지를 붙이고 중간중간 뽕뽕이를 붙여주시면 됩니다.

5세 이상 엄마가 만들고 아이가 도와요

41 타일을 활용한 손글씨 달력

연말이면 여기저기서 달력을 선물 받게 되잖아요? 하지만 인테리어랑 맞지 않으면 내놓고 보기 좀 민망하지요? 저도 눈에 안 띄는 문 뒤에 걸어두었다 필요할 때만 들춰보곤 한답니다. 조금만 아이디어를 내보세요. 저는 갖고 있던 타일이 좀 있어서 타일 달력을 만들어봤습니다.

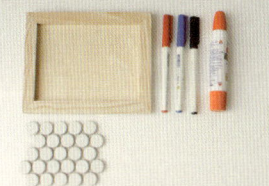

미리 준비하세요

빈 액자, 타일, 네임펜, 본드

01 타일을 처음 구입하면 이렇게 그물망에 타일들이 붙어 있습니다. 아이들은 이걸 떼어내는 것도 재미있어한답니다.

02 타일 위에 네임펜으로 숫자와 요일을 써주세요. <u>아이가 아직 숫자를 잘 모르면 옆에 달력을 놓고 한 자 한 자 엄마가 손가락으로 짚어가며 가르쳐주세요.</u>

03 나무틀 안에 타일들을 늘어놓고 간격을 맞춘 뒤 하나씩 붙여보도록 하겠습니다. 처음부터 타일을 붙여 가면 나중에 한쪽으로 쏠릴 수가 있으니까 주의하세요!

04 숫자를 모두 붙였으면 요일도 하나씩 붙여보겠습니다. 액자에 공간이 많으면 숫자 위에 바로 붙이셔도 되구요, 지금처럼 액자에 별로 여유가 없으면 요일은 액자틀에 붙이는 것도 괜찮답니다.

05 어느 정도 간격이 정해졌으면 하나하나 본드를 칠해가며 붙여줍니다. 실리콘이나 목공용 본드를 사용하셔도 됩니다.

06 다 되었지요? 새 달이 되면 아세톤으로 샤샤삭~ 지우고 다시 쓰면 되니까 만년 달력인 셈이지요.

Tip box

이건 장난감 상자를 이용한 달력이에요. 우드락에 천을 붙여서 상자에 넣은 다음, 실리콘을 이용해 타일 뒤에 압정을 붙였어요. 그럼 달이 바뀔 때 날짜를 바꿔서 다시 꽂아주기만 하면 된답니다.

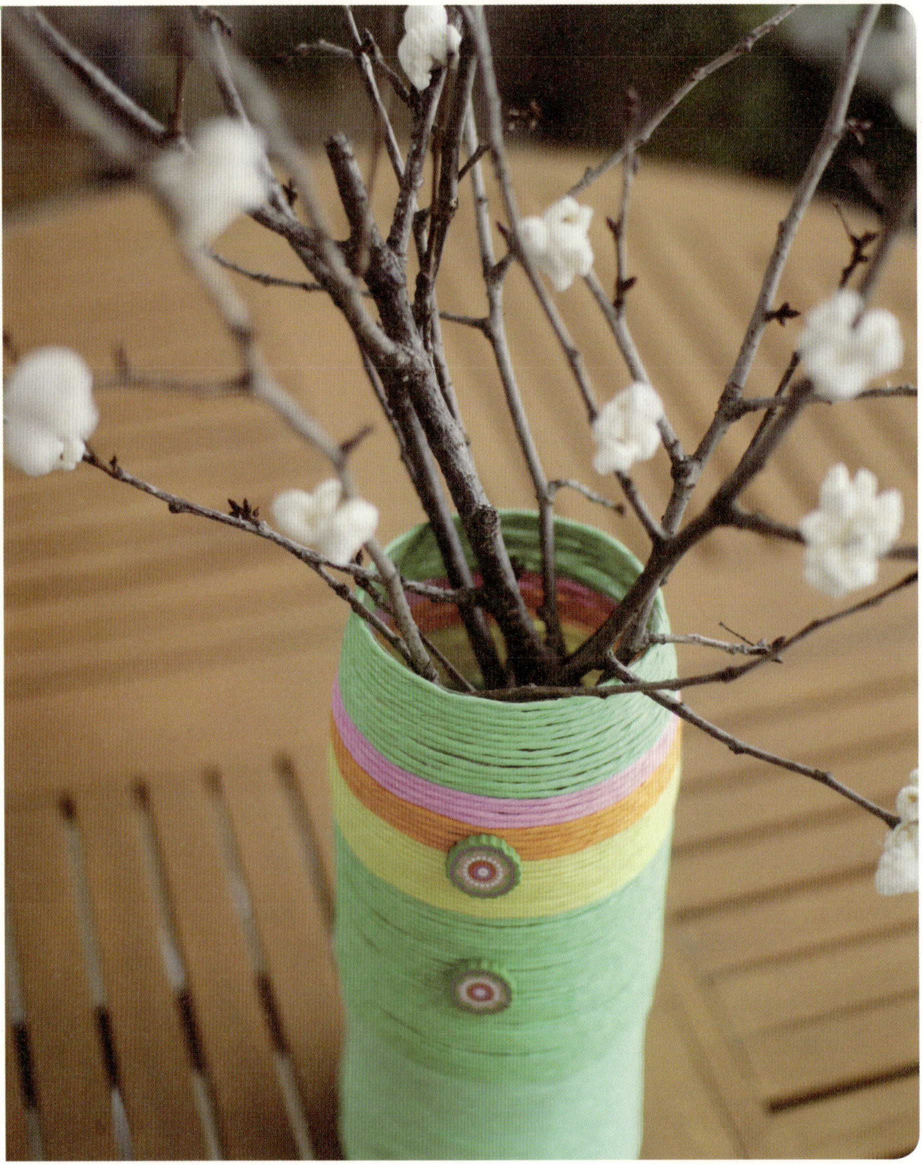

42 지끈을 감아서 만드는 꽃병

흔히 접할 수 있는 패트병을 이용해서 간단히 만들 수 있는 꽃병입니다. 마음에 드는 꽃병이나 화분 하나 구입하려면 큰맘 먹어야 하잖아요? 돈도 아낄 수 있고, 색깔도 장식도 내 맘대로 정할 수 있으니 더욱 좋지요. 깨끗한 나뭇가지 하나 구해서 팝콘을 붙여줬더니 그것만으로도 멋진 장식품이 되었네요.

미리 준비하세요

페트병, 지끈, 양면테이프, 칼, 실리콘, 작은 액세서리

사각보다는 원통형 페트병이 좋아요!

01 우선 페트병 하나를 준비해주세요. 물병이면 그냥 쓰면 되고요, 음료수 병이라면 깨끗하게 씻어주세요.

02 상표를 떼어내고 병의 4분의 1 정도를 칼로 잘라주세요.

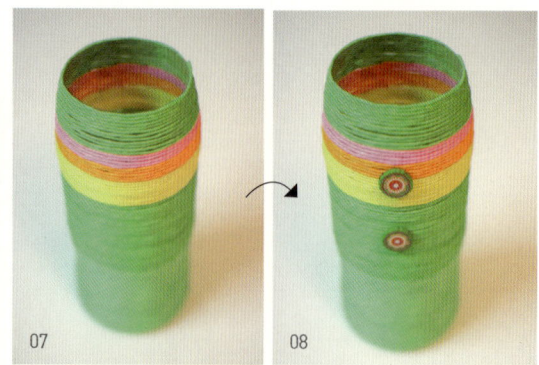

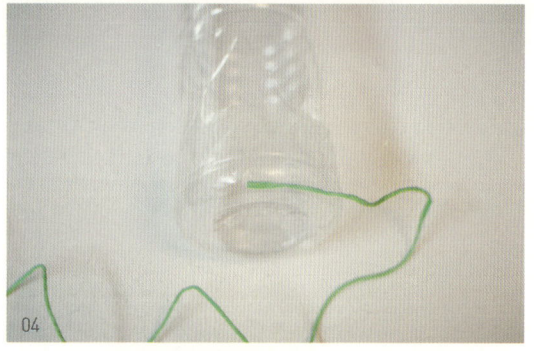

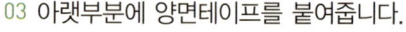

03 아랫부분에 양면테이프를 붙여줍니다.

04 이제 천천히 지끈을 감아주면 되는데, 첫 부분을 실리콘으로 살짝 붙여주시면 더욱 튼튼합니다. 양면테이프가 붙여진 곳까지 다 감았으면 그 위쪽에 다시 양면테이프를 감고 지끈을 감아주세요.

05 색을 바꾸실 땐 한쪽 면에서만 바꿔주시는 게 좋아요. 나중에 그 부분을 뒤쪽으로 해서 안 보이게 놓으면 되거든요.

06 다른 색으로 바꿔보았습니다. 색을 바꿀 때도 지끈의 끝 지점과 시작 지점에 실리콘을 살짝 묻혀서 고정해주는 것 잊지 마시고요.

07 윗부분은 다시 연두색으로 마무리를 해서 가운데 부분만 포인트를 주었어요.

08 실리콘을 이용해서 작은 액세서리를 붙여봤습니다. 마땅한 소품이 없으면 단추를 이용하셔도 좋아요.

Tip box — 지끈으로 리본 만들기

지끈은 자연스러운 멋이 돋보이는 재료입니다. 이 지끈을 조심스레 풀어 보면 또 다른 매력을 느낄 수 있답니다. 부분적으로 염색이 덜 된 부분도 있고, 색이 좀더 진한 부분도 있어서 훌륭한 그라데이션 효과를 낼 수 있답니다. 또 생각보다 종이가 넓어서 활용할 만한 곳도 많죠. 간단한 리본 만들기로 아이디어를 빛내보세요.

01 지끈을 살살 펴서 사진처럼 한 바퀴를 돌려 붙여 줄 거예요. 끝부분은 양면테이프로 붙여주세요.

02 가운데 부분에 주름을 잡아 리본 모양을 만들어주세요.

03 가운데 부분을 지끈으로 한 바퀴 감아주세요.

04 남은 지끈을 잘라내고 실리콘이나 본드로 붙여서 마무리합니다.

★★☆☆☆ 6세 이상 아이가 만들고 엄마가 도와주세요

43 자투리 골판지를 이용한 컵받침

아이들에게 우유나 주스 같은 간식을 줄 때 컵받침을 사용해보세요. 아이들이 훨씬 좋아한답니다. 자기가 직접 만든 컵받침을 사용하게 하는 것도 좋고요. 컵받침은 만드는 방법도 간단하고 재료도 다른 데 쓰고 남은 자투리 골판지를 사용하면 되니까 아주 경제적이지요.

미리 준비하세요

커팅된 자투리 골판지, 본드

01 분홍색 골판지에 본드를 칠하며 돌돌돌 감아주세요. 시작 부분은 엄마가 해주시는 게 좋겠죠?

02 노란색도 한 줄 이어 붙여볼까요? 특별히 맘에 드는 색이나 많이 남은 색이 있으면 2~3줄 감으셔도 됩니다.

03 연두색도 한 줄 붙여주세요.

Part 6 경제감각을 가르쳐주는 생활소품 만들기

04 이번엔 남색을 붙여볼 건데요, 골판지를 붙이실 땐 한 줄 한 줄 개성이 넘치는 색을 쓰는 것보다는 점점 밝아졌다 어두워지든지, 그 반대로 그라데이션 되도록 만들어주시는 것이 좋아요.

05 이제 살짝 포인트를 줘볼까요? 아이보리를 붙여주었습니다.

06 노란색도 한 줄 감아주었습니다.

07 연두색을 세 줄 붙이고 아이보리를 한 줄 붙였습니다. 그라데이션이 되고 있지요?

08 가장 좋아하는 색으로 마무리를 해주세요. 전 분홍색으로 짜자잔~ 완성입니다!

plus item_골판지의 또 다른 활용

골판지 꽃으로 만든 플로랄 모빌

골판지를 돌돌 감아서 예쁜 꽃을 만들고 낚싯줄로 연결해 바람의 흐름에 따라 조금씩 흔들리는 모빌 하나 만들어주세요. 바람이 불 때마다 살짝살짝 흔들리는 모빌을 보고 있으면 아이는 아주 아주 로맨틱한 꿈을 꾸게 될지도 모르잖아요?

미리 준비하세요

커팅된 골판지 1세트, 가위, 본드, 비즈, 낚싯줄, 글루건

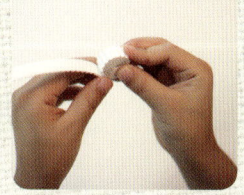

01 흰색 골판지 한 줄을 감아주세요.
감는 방법은 아이들마다 조금씩 다르답니다. 각자 원하는 방법으로 감을 수 있도록 해주세요.

05 아이들이 꽃을 만들 때 보면 어떤 때는 꽃잎이 6개가 되고 또 어떤 때는 7개가 됩니다. 그 나름대로 귀여우니까 원칙을 정하지 말고 자유롭게 만들 수 있도록 하세요.

02 꽃잎은 골판지 반 줄을 이용해서 만듭니다. 골판지를 반으로 접어 잘라주신 후 감도록 해주세요.

03 그냥 동글동글 귀여운 꽃잎도 좋구요, 데이지처럼 조금 길쭉한 꽃잎을 원하시면 감아놓은 골판지를 한 번 꾸욱 눌러 타원형으로 만들어주세요.

06 이렇게 노란색, 보라색, 분홍색을 각각 2개씩 총 6송이를 만들어주시면 됩니다. 꽃과 꽃 사이에 낚싯줄을 넣고 글루건으로 붙여주세요.
끝 쪽에 비즈를 하나 달아주시면 무게감도 있고 훨씬 더 예뻐요.

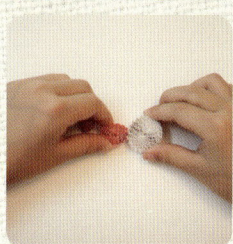

04 감아놓은 흰색 골판지에 꽃잎을 붙여주세요.

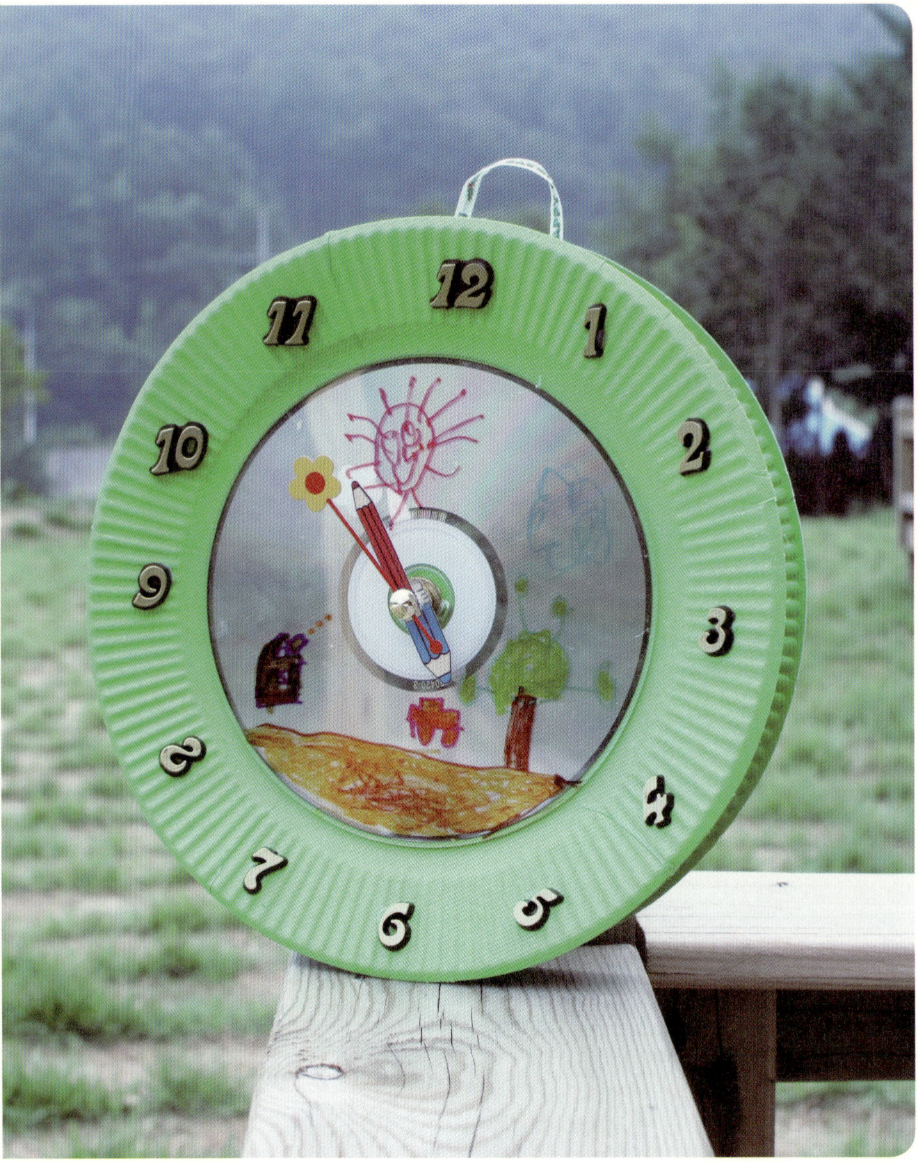

44 CD와 종이접시로 만든 시계

요즘은 USB 메모리와 mp3 때문에 CD 쓸 일이 별로 없어요. 하지만 CD는 정말 멋진 공예 재료랍니다. 동그랗고 튼튼하죠, 가운데 구멍도 나 있죠, 광택도 너무 아름답잖아요. 아이와 함께 시계를 만들며 숫자공부도 할 수 있답니다. 한창 시계 보는 법을 배우는 아이라면 더없이 좋은 공부가 될 거예요.

미리 준비하세요

CD, 종이접시 2개, 시계부속, 네임펜, 빵끈, 본드, 송곳, 골판지 약간

01 못 쓰는 CD에 아이가 그림을 그리게 합니다.

02 그림을 그릴 땐 네임펜으로 그리는데요, 색이 섞이면 물감 같은 효과가 나니까 아이에게 잘 설명해주시면 더욱 예쁜 작품이 만들어진답니다. 특히 나무를 그릴 땐 연두색과 녹색을 섞어 쓰면 좋아요.

03 CD에 본드칠을 해서 종이접시에 붙여줍니다.

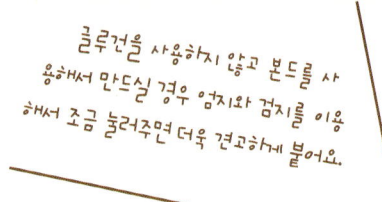

글루건을 사용하지 않고 본드를 사용해서 만드실 경우 엄지와 검지를 이용해서 조금 눌러주면 더욱 견고하게 붙어요.

04 나머지 한 개의 종이접시 뒷면에도 본드를 칠해주세요.

05 방금 CD를 붙여둔 종이접시와 뒷면이 마주보도록 붙여줍니다. 그래야 시계부속이 들어갈 공간을 확보할 수 있거든요.

06 송곳을 이용해서 구멍을 뚫어줍니다.

07 시계부속을 앞쪽까지 끼워주세요.

08 같이 들어 있는 부속을 이용해서 앞면과 뒷면을 단단히 고정합니다.

09 시침, 분침, 초침 순으로 끼워줍니다. 직접 해보시면 눈으로 보는 것보다 훨씬 쉬워요.

10 12개의 숫자판이 놓일 자리에 본드를 칠해주세요.

11 시계 숫자판에서 숫자를 하나씩 떼어내 아이가 직접 붙일 수 있도록 지도해주세요.

12 빵끈을 이용해서 걸 수 있는 고리를 만들어줍니다.

13 골판지를 하나 덧대서 마감을 해주셔도 되구요, 아님 그냥 빵끈만 붙이셔도 됩니다. 그런데 이렇게 만들다보니까 종이를 하나 덧대주는 게 훨씬 더 튼튼하더라구요.

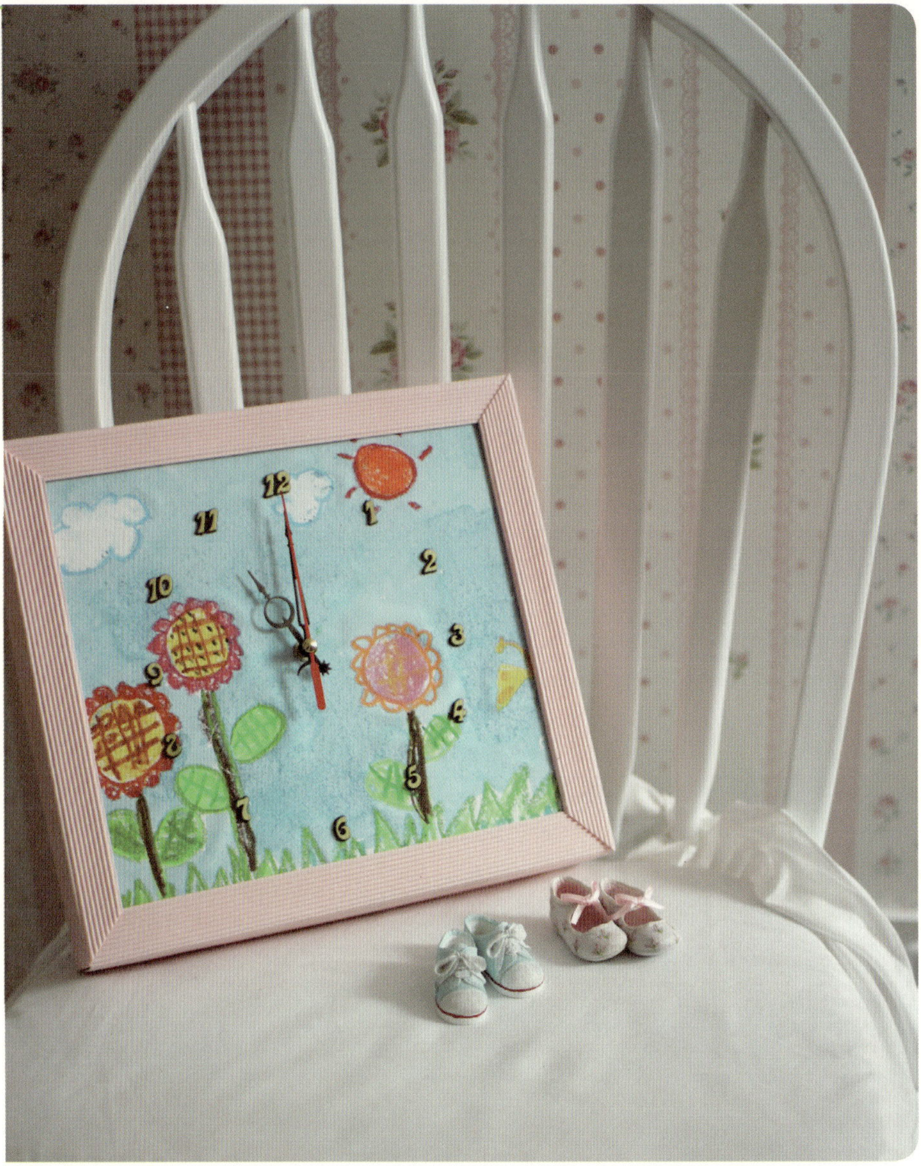

45 재활용 종이상자로 만든 시계

요즘엔 버리기 아까운 포장재들이 많이 있습니다. 그 중 하나가 화장품 상자가 아닐까요? 튼튼하고 아담하고……. 재활용 공예 재료로는 그야말로 최고지요. 특히 시계를 만들 때는 가장 좋은 재료가 된답니다. 예쁘게 그린 아이의 작품으로 장식해서 개성 있는 시계를 만들어보세요.

미리 준비하세요

재활용 상자, 그림 그리기 도구, 골판지, 양면테이프, 실리콘, 시계부속, 장식용 소품 약간

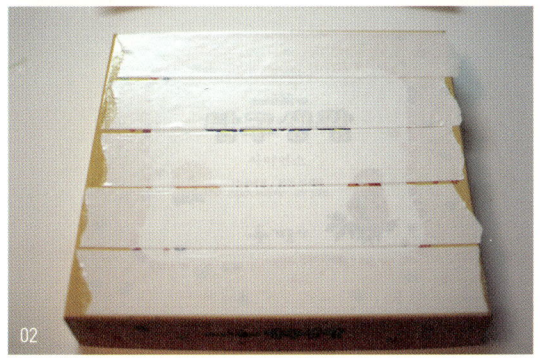

01 아이가 그린 그림 중 마음에 드는 걸 하나 골라보세요. 아님 시계용으로 따로 그리게 해도 좋구요.

02 상자의 바깥쪽에 양면테이프를 붙여주세요.

03 상자에 그림을 붙인 뒤 상자 주변을 정리해주시면 됩니다.

04 이제 골판지로 상자를 감싸서 붙여주시면 됩니다.
골판지액자 만들기(174페이지)를 참고하면 도움이 되실 거예요.

05 송곳을 이용해서 구멍을 뚫어줍니다.
이건 당연히 엄마가 해주셔야 하는 작업입니다. 상자가 두꺼우면 송곳으로 뚫은 뒤에 칼로 구멍을 조금 정리해주셔야 시계부속이 잘 들어갑니다.

06 그럼 이제 뒷면에 시계부속을 끼우고 앞쪽에서 고정나사를 돌려주시면 됩니다.

07 이제 시침, 분침, 초침을 차례로 끼워주세요.

08 시계바늘을 돌려가며 숫자들을 붙여주세요.
시계바늘을 돌려 정각에 맞춰가며 숫자들을 붙이면 간격을 맞추기가 수월합니다.

plus item_골판지의 또 다른 활용

와이어와 골판지로 만든 메모홀더

와이어 공예에 관심을 가져보세요. 공예용 와이어는 생각보다 다루기가 쉬워 아이들도 무척 좋아한답니다. 명함꽂이로 이용하는 것도 괜찮고요, 가족간의 사랑의 메시지를 적어 살짝 꽂아두면 볼 때마다 예쁜 미소가 번질 거예요.

미리 준비하세요
와이어, 골판지, 리본 테이프, 니퍼, 실리콘

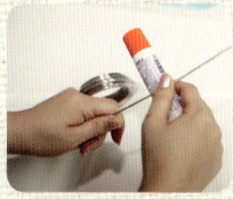

01 우선 와이어를 감아줄 건데요, 저는 제가 사용하는 본드에 감아봤습니다. 양쪽 끝부분은 7cm 정도 여유를 두고 잘라주세요.

06 이제 감아두었던 와이어를 사진처럼 붙여보겠습니다.

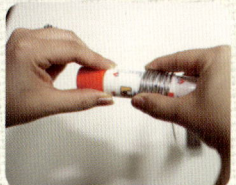

02 10바퀴 정도 감아주시면 됩니다. 생각 외로 잘 구부러지기 때문에 아이에게 감게 해도 좋아요.

07 붙일 땐 실리콘을 이용했어요. 글루건이 없으시면 공예용 본드를 사용하셔도 됩니다.

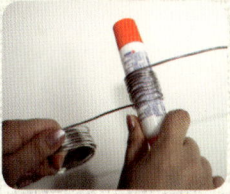

03 속심과 와이어를 조심스럽게 분리합니다.

08 골판지를 한 장 감아줍니다. 이렇게 해주면 밑면의 지름이 넓어져서 더 안정감이 있구요, 와이어도 깔끔하게 마무리가 된답니다.

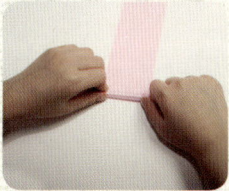

04 이제 골판지를 감아볼 건데요, 골판지는 와이어를 단단히 고정시켜주는 지지대 역할을 해줄 거예요.

09 마지막으로 리본 테이프를 한 줄 감아주세요.

05 골판지도 와이어 굵기 정도만 감아주시면 됩니다.

10 깜찍한 리본도 하나 만들어 붙여주면 딱이지요?

46 종이접시를 이용한 메모지함

종이접시를 활용해서 만들 수 있는 것은 정말 많습니다. 그 중 하나가 메모지함이에요. 오목한 부분을 맞대서 생기는 공간에 간단한 메모나 편지를 넣어 보관하면 아주 실용적이랍니다. 또 작은 조화 한두 송이 꽂아두면 인테리어 소품으로도 한몫 톡톡히 한답니다.

미리 준비하세요

종이접시, 자, 핑킹가위, 본드, 빵끈,
꽃 스티커, 갈색 매직, 펜

01 연두색 종이접시를 반 정도 잘라줄 거예요. 가운데 부분에 자를 대고 선을 그어주세요.

02 이제 핑킹가위로 잘라줍니다.

03 잘라낸 접시 중간 중간에 본드를 칠해주세요. 실리콘을 이용해서 붙이면 빨리 말라서 간단하지만 금방 떨어진답니다. 조금 더디 마르더라도 본드를 사용하는 게 좋아요.

아이들은 핑킹가위를 정말 좋아한답니다!

04 노란색 종이접시 위에 겹쳐서 붙여주었습니다.

05 1~2cm 정도 여유를 두고 노란색 종이접시도 핑킹가위로 잘라주세요.

06 이제 종이접시를 뒤집어서 테두리 쪽만 본드를 칠해주시면 됩니다.

07 분홍색 종이접시 위에 지금까지 작업한 종이접시를 붙여주면 기본 틀은 완성입니다.
오늘은 스티커를 활용하지만 펀치아트로 꾸미거나 색종이를 잘라서 장식해주셔도 멋진 작품이 될 것 같습니다.

08 갈색 매직을 이용해서 나무를 그려주었습니다. 너무 많이 그리면 복잡해보일 수도 있으니까 2~3그루가 괜찮을 것 같습니다.

09 가지 끝에 꽃 모양의 스티커를 붙여줍니다. 아이가 너무 여기저기에 붙이지 않도록 옆에서 지켜 봐주세요.

10 붙이고 남은 스티커를 요렇게 붙여보는 건 어떨까요?

11 벽이나 문에 걸기 위한 고리를 만들 건데요, 빵끈을 이용해보겠습니다. 메모지함을 뒤집어서 위쪽에 빵끈을 붙여주기만 하면 간단하게 완성됩니다.

12 간단하면서도 제법 쓸만하겠지요?

엄마주와 아이가 만드는 아이 생활 예술

47 아이들 솜씨로 꾸민 스위치 커버

화장실이며 아이들 방은 스위치 주변의 벽지가 유난히 더러움을 타잖아요? 하루하루 지날 때는 모르다가 어느 순간 깜짝 놀랄 만큼 더러워져 있는 걸 발견하게 돼요. 이미 더러워진 걸 가리기도 좋고, 더러워지는 걸 예방하기도 좋고, 특별한 재료 없이도 만들 수 있어서 더욱 좋아요. 알록달록 예쁘게 꾸며 붙여주면 아이들도 너무 즐거워한답니다.

미리 준비하세요

우드락, 색지, 양면테이프, 칼, 자, 가위, 본드, 비닐

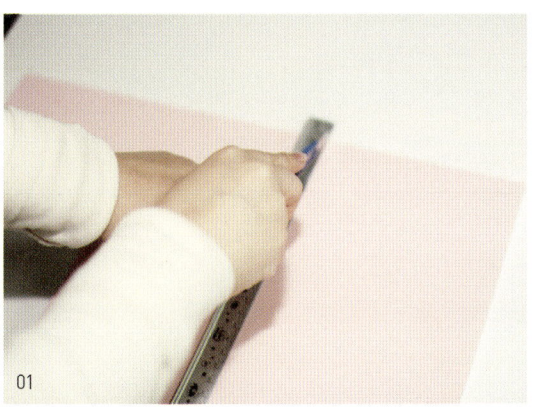
01

03

02

01 우드락을 15×19cm 정도 크기로 잘라줍니다.

02 스위치 크기만큼 가운데 부분을 뚫어줍니다. 뒷면에 양면테이프를 붙여주세요. 본드나 양면테이프 중 편한 걸 이용하면 됩니다.

03 이제 19×23cm 정도의 배경지에 잘라놓은 우드락을 붙여주세요.

04 네 귀퉁이를 사진과 같이 잘라주세요.

05 가운데 부분은 칼을 이용해서 X자 모양으로 칼집을 넣어주세요.

06 접어서 마무리할 부분만 남기고 가운데 부분은 사진과 같이 잘라냅니다.

07 이제 양면테이프를 이용해서 붙여줍니다.

08 한번 뒤집어보세요. 깔끔한 틀이 완성되었지요?

09 자투리 색지들을 오려 구름이며 햇님 등을 만들어 봤어요. 아이가 직접 하고 싶어 하면 뒷면에 그림을 그린 뒤 가위로 오리게 해주세요.

10 이제 붙이기만 하면 되겠지요?

11 색지를 붙였던 방법으로 비닐을 붙여주시면 되는데, 아스테이트지가 있으면 그걸 사용하시고요, 없으면 상품 포장용 투명비닐을 사용하셔도 됩니다. 이렇게 해서 스위치 커버로 활용하면 되는데, 사진을 넣으면 작은 액자로도 손색이 없겠죠?

48 스티로폼 공을 이용한 장식 화분

화방이나 보육사에 가면 스티로폼 공을 쉽게 구할 수 있답니다. 생각보다 활용도가 많은 녀석이니 몇 개 사오세요. 오늘은 귀여운 조화를 이용해서 멋진 화분을 만들어볼 건데요, 만드는 수고에 비해 장식효과와 만족도는 무척 큰 아이템이랍니다. 리본 하나 멋지게 묶으면 선물로도 손색이 없답니다.

미리 준비하세요

스티로폼 공, 나무, 조화, 구슬핀, 실리콘, 화분, 스티로폼 조각

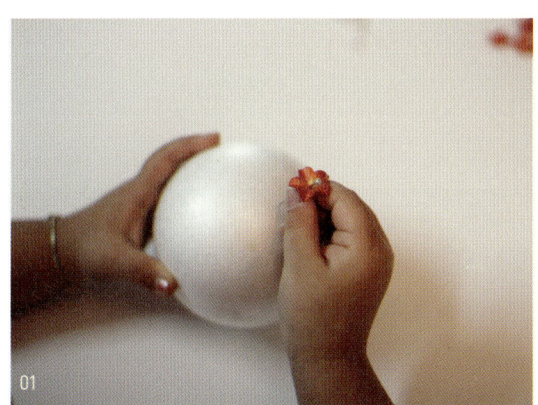

01 구슬핀에 조화를 끼워 스티로폼 공에 찔러 넣는데, 아이가 어리면 미리 조심하도록 이야기해주세요.

02 완전히 들어가서 흔들리지 않는지 확인해주세요.

03 이제 하나씩 해보겠습니다.

04 아이의 옷에 핀이 묻어나지 않도록 엄마가 옆에서 도와주면서 지켜보세요!

05 완성된 스티로폼 공에 나무를 끼워 넣고 나무기둥이 흔들리지 않도록 아래쪽 스티로폼 조각에도 실리콘을 살짝!

06 이제 준비해둔 화분에 넣어주시구요, 스티로폼 조각을 사이사이에 끼워서 나무기둥이 흔들리지 않도록 고정해주세요.

07 인조 이끼를 넣어서 지저분한 부분을 가려주면 끝입니다!

plus item_화병 장식 아이디어

아이스크림 막대로 장식한 화병

화방에 가면 아이스크림 막대도 구입할 수 있답니다. 참 재미있지요? 평범한 페트병에 아이스크림 막대를 붙여 전혀 다른 화병으로 변신시켜보세요. 활용하기에 따라서 연필꽂이나 티백 보관함, 화분 등 얼마든지 다양하게 사용할 수 있답니다.

미리 준비하세요

페트병, 아이스크림 막대, 양면테이프, 지끈, 매직이나 사인펜, 칼, 실리콘

01 페트병에 아이스크림 막대보다 1cm 정도 낮은 높이로 선을 그어줍니다.

06 붙여놓은 양면테이프 위에 지끈을 붙일 건데요, 처음 한 줄만 엄마가 감아주시면 나머지는 아이가 감을 수 있을 겁니다.

02 이제 칼을 이용해서 잘라주세요. 물론 엄마가 해주셔야겠죠?

07 지끈은 양면테이프의 폭만큼만 감아줍니다.

03 양면테이프를 아이스크림 막대보다 2cm 정도 짧게 잘라 아랫부분부터 붙여줍니다.

08 지끈의 시작부분과 끝부분을 같은 방향으로 조절해주시구요, 그 부분은 지끈으로 리본을 만들어 붙여 가려주세요.

04 병에 세로로 선을 그어주면 아이가 그 선에 맞추어 붙여나갈 수 있습니다.

09 아이스크림 막대를 조그맣게 잘라서 연필 모양으로 만든 뒤 매직이나 사인펜으로 색을 칠해주세요.

05 그렇게 아이스크림 막대를 끝까지 붙이셨으면 이제 윗부분에 1.5cm 정도를 남기고 양면테이프로 한 바퀴 감아줍니다.

10 이제 색칠해둔 연필을 화병에 붙여주기만 하면 완성입니다. 이때는 실리콘을 쓰시면 됩니다.

49 빈 음료수병과 조화를 이용한 촛대

아이들이 커가면 집에 쌓이는 게 음료수병이고 요구르트 통이지요? 이런 재료들도 얼마든지 생활용품으로 변신할 수 있답니다. 아이들은 자기가 먹고 남은 재활용품이니 더욱 관심을 갖지요. 오늘은 티라이트로 분위기를 낼 때 사용할 만한 촛대를 만들어볼게요. 생각보다 쉬우니까 한번 도전해보세요.

미리 준비하세요

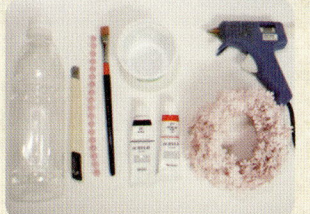

음료수병, 플레인 요구르트 통, 실리콘, 아크릴물감, 붓, 장식용 줄, 조화, 칼

01

03

02

01 우선 음료수병을 준비해주세요. 식탁이나 작은 테이블에서 사용할 촛대를 만들 거니까 어린이용 작은 음료수병이 좋겠어요.

02 칼을 이용해서 음료수병의 입구 부분을 잘라줍니다. <u>칼로 깨끗하게 잘라내는 게 생각보다 어렵답니다. 칼로 대충 자른 뒤에 가위로 마무리를 해주면 좀더 쉽게 하실 수 있답니다.</u>

03 이제 플레인 요구르트 통 위에 잘라놓은 음료수병을 붙여주시는데요, 실리콘을 이용해서 붙이는 게 편하실 거예요.

Part 6 경제감각을 가르쳐주는 생활소품 만들기 **235**

04 잘 붙었으면 아크릴물감으로 색칠을 해줍니다.

05 한 번 칠했을 때는 상표나 글씨들이 보이잖아요? 3~4번 정도 칠해주면 깨끗해진답니다.

06 이렇게만 마무리를 한다면 좀 썰렁하지요? 장식용 줄을 한번 감아볼까요? 삐뚤삐뚤 잘라놓은 음료수병의 끝부분도 예쁘게 마무리가 되겠지요?

07 중간에 한 바퀴를 더 감아보겠습니다.

08 이제 조화로 장식해볼게요. 어때요? 제법 멋스런 촛대가 되었지요?

plus item_음료수병의 또 다른 활용

빈 음료수병으로 만든 어항

아이들은 작은 물고기를 정말 좋아한답니다. 하지만 마음만큼 잘 기르지는 못하지요. 이런 아이들에게 어항을 직접 만들어보게 하면 물고기를 한결 더 열심히 돌본답니다. 자신이 만들어준 집에서 건강하게 사는 물고기를 보고 싶어 하거든요.

미리 준비하세요

빈 음료수병(사각형), 접착 부직포, 자갈, 칼, 가위

01 음료수병 측면 한쪽을 칼로 잘라내주세요.

06 어항의 윗부분을 한 바퀴 감아주시면 됩니다.

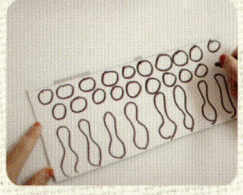

02 접착 부직포의 뒷면에 수초와 동전 크기의 동그라미를 그려주세요.

07 이번엔 수초를 붙일 차례입니다. 수초는 어항 바깥쪽에 붙여주세요.

03 이제 가위로 오려주시면 됩니다.

08 바닥에 자갈을 깔아줍니다. 바닷가에서 주워온 예쁘고 작은 돌이 있다면 더욱 좋겠죠? 돌은 깨끗하게 씻어서 준비해주셔야 물고기들이 좋아한답니다.

04 우선 원형으로 오려놓은 접착 부직포를 떼어냅니다.

09 자갈을 골고루 평평하게 펴줍니다.

05 음료수병의 절단 부위를 돌려가며 하나씩 붙여줍니다. 장식적인 효과도 있지만 아이가 날카로운 플라스틱에 손이 베이는 것을 예방하는 역할도 한답니다.

10 물과 물고기를 넣어서 마무리를 해줍니다.

만들기 재료를 구입할 수 있는 온라인 쇼핑몰

종이공작소 www.jongiegongjakso.co.kr
포토놀이 www.photonoli.com
핸즈링크 www.handslink.com
정인아트 www.jungina.com
아이크래프트숍 www.icraftshop.com
칼라노리 www.colornori.com
만들기대장 www.makingno1.com
퍼니스쿨 www.funnyschool.co.kr
와와아트 www.wawaart.com
핸디몰 www.handimall.co.kr
유진아트공방 www.yujinart.com
올크라트 www.allcrart.com
대림아트 www.daelimart.com
공작공예 www.gongjakart.com
이지펠트 www.easyfelt.com

thanks to

만들기에 참여해준 어린이들에게 감사의 마음을 전합니다.

- 김다영(7세)
- 박수진(8세)
- 신유림(6세)
- 양정우(10세)
- 양지원(8세)
- 오하람(8세)
- 이규아(8세)
- 정원우(8세)
- 정재훈(5세)
- 천지연(7세)
- 최임석(8세)
- 최주희(10세)
- 홍은샘(10세)
- 황석환(4세)
- 황선영(7세)

아이의 창의력을 쑥쑥 키워주는
원우맘의 놀이공작교실

1판 1쇄 인쇄 2010년 3월 10일
1판 1쇄 발행 2010년 3월 22일

지은이 오계화
펴낸이 안광욱
펴낸곳 도서출판 비엠케이

편집 김난희 **디자인** 아르데203 김이경
제작진행 예원 PR **종이** 화인페이퍼(주)
출판등록 2006년 5월 29일(제313-2006-000117호)
주소 서울시 마포구 서교동 463-31 플러스빌딩 4층
전화 02) 323-4894 **팩스** 02) 332-4031
이메일 arteahn@naver.com

값은 표지에 있습니다.
ISBN 978-89-958356-7-8 13630

일원화 공급처 (주)북새통
주소 서울시 마포구 서교동 464-59 6층
전화 02) 338-0117 **팩스** 02) 338-7160
이메일 bookmania@booksetong.com

Http://cafe.naver.com/geahwa73.cafe

아지 와우웃, 2권 정말 보고싶네요,기대할게요~! peridot72 아이와 함께 할 수 있는 예쁜 소품만들기,, 출간 축하드리며 책이 나오면 저도 구입할게요^^ 은하수 너무 오랜만에 와서 출판하시는지 이제서야 알았어요〉〈 앞으로 꼬박꼬박 자주 올게요~ 두번째 출판 감사해요^0^ 꽃 설아 두번째 책인가요? 기대할께용+_+ 초록연두 예쁜소품만들기 2탄!!! 아이들과 함께 만들수 있는 책이라니 기대 만땅입니다. 늘 행복 웃음 가득하시구요 출판 축하드려요 ROY 출판하신다니.. 정말 축하드려요~~ 기대대네요. 잘되기 빌어영 악마 두번째 출판 축하드려요~ 까페도 너무 귀엽고, 노래좋고, 딱 내스타일인데 책 꼭사서 봐야겠어요.^^ 나비혜진 많은 지인들로 부터 소개도 해주고 좋은 내용들과 만들기가 쉽다고 많이 하던데 ^^이번에는 아이들과 함께 만들수 있는 책이 나오다니 또 기대가 되는 걸요^^ 이번에 책이 나오면 저희 반 아이들과 함께 만들어 보아겠어요~ 힘내세요^^ 카이 출판 축하드립니다! 첫권에 이어 두번째도 기대하고 있어요^^ 스폰지퐁퐁.2번째 출판하는 책은 꼭 사서 가족이랑 같이 만들어 봐야겠어요!! 너무너무 기대되네요! 그리구 축하드려요~@)_〈@ 분홍공주 간만에 왔는데..반가운 소식이 ㅎㅎ 참 대단하시네요 먼저 구입한 책도 큰 도움이 기쁨인데 기대되네요 원우맘님 정말 능력 퍼펙트하시네요 eagleskh 짝짝짝! 축하드려요~~ 무지무지 기대되네요^^ 용용순이 항상 도움되는 카페! 번성하세요~^^ 김지순 진심으로 축하드려요. 아이들과 함께 볼수있는 소중한 책입니다. 다시한번 축하합니다!!!!!! 나 리 와우~!! 두번째 책 출판!! 너무 축하드려요~ 완전 기대되넹.. 읽어보고 싶다 ㅎㅎ ^^ dudtjsem2 히힛 책 출판을 축하합니다~꼭 읽어볼게요^^ Y.S. HAnNA 일상에 작은 기쁨이 되는 예쁜 소품 만들기가 책으로 또 나왔군요. 기대됩니다. ^^ 미나천사 제 덧글도 실리는거에요??ㅋㅋㅋ출판하신다니 축하드려요~~!!카페활동 열심히 할게요ㅋ 기도소녀 출판 축하드려요 꽃소녀 우아 출판 축하드려요!)O〈// 기대할께요!꼭 사서 보겠습니다!3 황민 나도 책 사서 봐야지! 축하해요 미야 출판축하드립니다 _O_ 꼭, 사서봐야겠어요 기대됩니다^^* 루야 축하드려요! 예소를 알립시다! 롱 축하드립니다^_^-김모씨 마음이 엥?? 그런걸 했어요? 전 유령회원이였나봐요,,그런것도 몰랐다니..// 펌프킨 이번 책도 대박 나시길 바래요. 첫번째 내신 예소책도 넘 좋았는데 이번책도 너무 기대됩니다. 아이들과 함께 만들어 볼 생각을 하니 지금부터 설레네요 A형 와하〈 정말 기대하겠습니다〉꺄르르. 짜잔 출판 축하드려요 〉〈!! 기대 많이많이 하겠습니다 !!^^ A형 〉〈 축하드려요^ ^ 저 언제나 이 카페 보고 있구요 게다가 우리 덧글까지 올려주신다니!! 정말 정말 very very thank you~♪ 이렇게 행복할 순 없답니다〈 꺄르륵. l초이 우와 두번째 출판 축하드려요! 책 나오면 꼭 사서 볼께요♡ 그리고 대박나세요~ㅋ 반 윤 출판 축하드립니다. 잘 팔리길~~ 별별땡 두번째 출판 축하드립니다!! 1권은 못봤구요!2권은 용돈 모으면 사서 볼수 있을것 같네요^^ 두번째 출판 축하드려용!!!! 초코와플 대단해요~어디서 파는지 알면 꼭 살거에요~ 한별 아름다움을 가꾸는 원우맘 아자!아자! 출판을 축하드려요. 대박이 예상됩니다. 달곰이 형님~ 저 이천에 윤택이 엄마에요^.^ 또 2번째 책이 나오시네요 축하드려요 ㅈ 와~~부러워요~~대단해요~ 멋진걸요~ 이 모양 축하드려용~~ㅎㅎ 처음꺼는 못봤지만.;; 두번째꺼는 꼭 볼게요~ㅎㅎ 곰세마리 아이와 함께 만들수 있는 소품!! 정말 좋은 책일것 같습니다. 책이 빨리 출간되어서 저랑 제 분신인 세아이와 함께 만들어 보고 싶네요.항상 좋은 책 출판해 주셔서 감사해요 신비한noon 책으로 나오는건 처음 알았네요.. 좋은 정보를 많은분과 공유하고, 더불어 이세상을 좀 더 풍요롭게 할 도서가 될 것 같아요 ^^ 화이팅! 메리제인 드디어 2권도 나오는군요! 예소 회원으로써 자랑스럽네요 ~ 쿠키은이 축하드립니닷!! 와~ 2권까지 나왔네요,, 대단하세요~ 2권도 잘 볼께요~ 기대 할테니,, 기대한만큼 좋은 책이겠죠?^^ 〈뭐,,, 당연하죠,,! 용화향도 ㅎㅎ 두번째 댓글인데요. 저 초딩이고 리폼과 요리쪽에 관심이 많아요. 글구 정말정말 축하드려요~~^^ S2별 2번째 출판 축하드려요〉_〈 스위트 케이크 출판 축하드려요~ 많은 정보들 항상 감사히 받고 있습니다.^^ 앞으로도 잘 부탁드리겠습니다~~~!! 산수쟁이 또한번 행복이 다가오네요... 행복을 만들어주셔서 감사하고 행복을 받을 모든이들도 축하드려요. 쵸코꼬마 축하해요~꼭 볼께요 girl 출판 축하드리구요^^늦게 덧글 남겨서 죄송합니다^^ 행복전달 출판 축하드려요~~~~아이들과 함께 할수 있는 책이라니 엄청 기대되요~ 똘망이 예소가 있어 행복한 똘망이가 두번째 출판을 축하드려요^^ 이번 책도 반해 버릴 것 같은 기대 두근두근^^* 원우맘님 책 대박나세요~ 스이센 출판 축하드려요! 저도 꼭 사서 보겠습니다~^^ 아이리스 우와 정말 축하드려요~^^ 기대되네요 ~ㅎ 꼭 책사서 볼께요~^3^ 대박나시길 빌께요~ㅎㅎ Jin 책이 출판된다니 타이밍맞춰 축하해 드릴 수 있어서 기쁘구요, 앞으로 예쁜소품만들기 꼭 더 크게 성장할수 있도록 기원해드리겠습니다.자주는 못 들러도 자랑스러운 예소카페! 책 출판 축하드립니다! 수줍은팬더 정말 추카드려요 저도 열심히 책 보고 있어요~! a요오 와~ 2번째 책을 이제 출판하시는 건가요?축하드려요!!!제가 꼭 나오자마자 구입! 하겠습니다!!대박나세요 유리구두 축하드려요~ 보고 싶네요~ umum 멋져요~저도 언젠가 작품 하나 올려야겠는데 아직 실력 부족이네요~책 발간되면 많은 공부해야겠어요 ^^ 혜꼬 좋은 정보를 가득 담은 책 ^^ 출판 축하드려요~ 빨간우산 넘 기대되요~축하드려요~^^* remember 우와~ 전 이책 파는지 몰랐는데 대단하시네요! 책은 어디서 사는거지 ;; 꼭 사고싶어요 !! 건꼬 덕분에 주변에 고마운 사람들한테 손수 만든 선물 많이 할수 있었어요.ㅋ 앞으로도 화이팅! ribbon 완전 기대추가요 ㅎ 책 출판을 추카 하고요요 앞으로도 예쁜 소품 만들기 카페 화이팅♡ 저 앞으로도 열심히 활동 하도록 노력;;할게요 ^^ 달콤한초콜릿 출판추카추□ 잇콩 책 출판 정말 축하드리구요!나오면 꼭 보고 싶습니다! 킹왕짱 와~축하드려욤!! 책 열심히 쓰세염~ G DRAGON 난 나 이 카페에 들어와서 아이디어도 많이 얻어가고^^덕분에 미술 만들기 A!! 완전 축하해요~~ 미키 책 출판 축하드려요^^2번째 편도 꼭 사서 볼게요~~ sunflower 시간과 노력...정성을 들임으로서~~ 무..에서 유~~^^멋진 작품으로 탄생. 너무 멋져요~ 좋은 책~ 출판해주셔서 고마워요. 페파민트 두번째 출판~축하 드려요~ 아이를 위한 소품이라~~ 엄마들에게 유용한 정보가 될것 같네요!! 정말 좋은 엄마로 거듭나기~기대할게요^0^ 동당당 첫번째 책이 제가 혼자 예쁜소품을 만드는 재미를 느끼는 책이었다면 두번째책은 그 재미를 아이와 함께 나누게 되는 책이겠군요. 기대하는 만큼 더욱 훌륭한 책이 나오리라 기대 많이 하고 [==있습니다. 출판 진심으로 축하드려요^^ 린 우와~ 짱이에요 축하드려요 덧글보니까 2번째 책이군요! 쿠키까지 오오! 축하드려요~)< 이번에 가입했는데 교보 가서 찾아봐야겠네요!!!! 동실 정말 축하드립니다 첫번째 예쁜소품만들기 너무 너무 유익하게 봤는데 이렇게 또 두번째 책이 발간된다고 하니 기대되네요 아이들과 함께하는 멋진 작품들이 많이 많이 나올것 같습니다 아이와의 사랑도 더욱 더 새록 새록 솟아날것 같습니다 바람꽃 축하드립니다 아이들 함께 만든거라면 아이들도 참 좋아하겠네요 좋은 내용과 작품 또 보여주시니 기대가 큽니다^^* My dream 2번째 책을 쓰게 되셨군요 ~!)< 너무 축하드려요 ~! ㅎㅎ 전에 쓰셨던 책 구입해서 잘 봤었는데 이번에도 구입해봐야겠네요~! ㅎㅎ 축하드립니다~!)< 샤방핫딸기 꺄아!!! 책 출판하신 것 축하드려요!!! 기대하게요^^ yui203456 원우맘과 함께하는 감성 폴~ 폴~ 예쁜 소품 만들기 잘 보고 있어요~! 정말 이뻐염~!!!!! 감사해요!!! 축카~!! 샘공주 따스한 마음이 보이는 카페 같아요....*^^* 오늘 첫가입을 했답니다...*^^* 순수탬 축하드려요~1권 나온지도 몰랐는데...ㅠㅠ한번 읽어볼게요~ 재키조아 우와 추카추카....ㅎㅎㅎ 멋진책 기대해요...ㅎㅎㅎ 천령세화 두번째 출판 축하드려요 ㅎ 전희자 항상 많은 정보 교환에 신이 나요..^^* 대박기원 여니들마미 정말 정말 축하드립니다...특히나 아이와 함께 예쁜 소품 만들기에 대해 많은 관심이 있었는데.... 우리 아이에게도 좋은 소식이 될 것이라 여기며 출간되면 꼭 사서 보아야겠어요.. 늘 앞서가는 원우맘님 되시길 바랍니다...... 화이팅~!! 초코우유 와우 두번째출판이라니~~ 기대할게요~ 반쪽 카페에서 항상 좋은 정보 많이 얻어 가는데~ 책 출판 축하드려요~'-' 만소 와앗! 출판을 축하드리고'ㅂ' 출판하면 바로 구입하겠어요!!엄마 나 책에 출연했어ㅋㅋ! 애벌레 축하드립니다. 짝짝짝...... 기대 만발...... 김예인 두번째 책 출판 축하드려요!! 기대해도 되죠?? remember 우와~축하드려요~저 remember도 응원할게요~1권 책 잘 보고 있습니다 ^^ 꼬꼬마 책 나오면 꼭 사서 보고싶네요..^^열심히 만드세요!! 츠나키 와 정말 대단하시네요;; 저두 사서 봐야겠어요!! 내게로 예쁜소품이 가득한 예소~두번째 출간 축하드려요! 대박나시길~~ 미니 와~나두갖구싶다! 출판 추카해요)< 뽀끌옹 어제 가입한 뽀글옹이라고 해요 잘 부탁하고요 책이 궁금하네요 . 저한텐 첫번째 책이에요 기대할 께요~! 화이팅 미키오루 와 드디어 2번째 책이 나오네요! 첫번째 책은 못샀지만 2번째 책은 꼭 사고 말테에요 3권까지 나오는것 맞죠? 화이팅 히카리 축하드려요~~ 꼭 사서 읽어볼게요~많은 도움이 될꺼라고 믿어요~^^ Tvaer 2번째 책을 쓰시나봐요? 축하드리고요 기대할게요 ^^ 아카시아 축하합니다 ㅎㅎ 앗힝 두근두근! 2번째 책도 대박♡ kkl931115 우왕~! 기대 되는걸요~!! 스위트베리 책 출간 정말 축하드려요~~~저두 이 카페에서 정말 많이 배우는데...꼭 사구싶네요~~ 최현주 오늘에서야 책을 사보았어요 유용한 정보가 가득해서 도움이 될것 같은데 이번엔 아이들과 함께 만드는 책이라니~기대되는걸요^^ 마녀 두번째 출판 추카추카 드리고 좋은 책 기대할게요^^ 장금이 우왁! 정말 축하드려요~ 1권처럼 좋은 책이나올거 기대할게요^^ 맘마 2권 출판 축하드립니다~!!! 예소 카페 홧팅~~ 자주 올게요*^^* 유키 가입한지 얼마 안되서 1권이 있는지도 몰랐네요ㅎㅎ출판 진심으로 축하드리고요 1권부터 사서 봐야겠어요^^ 이쁜인테리어 축하드려요! 1번 책에도 정말 유용했어요+_+!! ㅎㅎ 매일 봐도 질리지 않는 책!! 제 보물 1호! 저에겐 정말 소중한 책 "예쁜소품 만들기"에 제2기가 나온다니! 정말 기대되요! 그리고 정말 앞으로 Foever할 "예쁜소품만들기" 화이팅!! 하람맘 사랑하는 사람 기다리는 마음으로 ...둘째는 더 많은 애정을 가지고 만들었을 당신을 사랑합니다. 화이팅! 시크릿 와~책을 출판하다니..대단한걸요^^ 요꾸 축하해요.! 기대되네요ㅎㅎ 한번 꼭 봐야겠는걸요..? Hopia 축하드려~!!!! 책 그거 아무나 내는 거 아닌데 또 내셨다니 이런이런 본받아야 할 그런 상황 매우 축하드리는 상황 나도 책내고 싶은 상황 근데 아이디어가 없는 상황 그런상황!! 무튼 무지무지 축하드리구요 유용하게 볼게요 ㅎㅎ 리든헤어 축하드려요.. 아이들과 같이 보면서 만들면 더 좋은 추억이 될것 같네요.. 경이곤이 축하축하드려요^^ 꼭 보고 싶네요..빨리 만나요^^ 규여니 우와...2번째 책 출판 축하드려요...담달에 책 사려고 맘먹고 있는데...2번째 책도 꼭 사볼게요..^^ Iloveyou012 출판 축하드립니다. 해피 기대되요!두번째 출판을 축하하구요~ 바로 사버릴껍니다!!!!!! 파르페 아이랑 함께 만드는 예쁜소품만들기니까, 만들기 쉬운 소품들이 있겠네요. 살 수는 없지만 축하드려요~ 부산댁 또 출간하넹~~~^^ 계화누나 이번 책도 대박~!!!!! 컴퓨터소녀 재원 축하축하 꼬꼬마 출판 축하드려요^^* 소녀애 카페에서도 많은 정보 보고 있는데 소장까지 가능하네요)< 항상 발전하는 카페의 모습 잘보고 있습니다. 수고하세요^^ Sky blue 축하드려요 벌써 두번째 책이라니~! 엄청나게 기대되네요~! 분명히 이 책은 베스트셀러가 될 거에요~! 미야꼬 넘넘 축하드려요~ 좋은 책 기대할게요~^^ 푸우 축하드려요 ㅎㅎ^^ 기대할게요 !♥ 은동이 울딸 좀 더 크면 같이 만들기 하기 좋은 책이 되겠네요..이쁜책 만들어 주세요...화이링~~~ 애니공주 와~그책 꼭 사서 봐야겠군요!! 친구들에게 소문내야겠어요! 애니공주 넘 기대돼 미칠것같에요....♡♥ ay dream 2번째 출판이라니, 축

하드려요~! 곧 서점에서 만나게 되겠군요♡ **현우은우맘** 출판 축하드려요~저희 아들들 현우랑 은우랑 같이사서 많이 만들어보고 싶네요~기대 되요~ **러브비쥬** 넘넘 축하드려요^ ___ ^ **지친다** 우오 ㅏ~ 축하드려요~!! 꼭 사서 소장하고 싶습니다~!! ㅎㅎ **ㅇㅅㅇ** 축하해요~♡대박나세요^___^ **유미맘** 와~너무축하드려요 항상잘보고있어요 도움도많이되구요 기대할게요~ **스칼렛** 축하드려요^^만들기 좋아하는데...아이랑 꼭 같이 봐야겠네요.* **너구리** 1권 잘 읽었어요~ 2권도 기대할게요~~~ **프리** 항상 보고 배우겠습니다^^좋은 책 부탁드리고~책 한번 보고싶어요!! **쪼옹이** 오우~ 책 또나오는거에요?? 정말 축하드려요)_(// 그 책나오면 돈 모아서 꼭 사서 1권처럼 아주 잘 쓰겠습니다 +_+ ! **clever** CA강사 준비중입니다.예소는 항상 저의 선생님이었습니다. 책 출간을 축하드리고 무궁한 발전을 바라겠습니다. **만들기소녀** 이번에 책을 새로 내시네요..저도 그 책 꼭 사서 한번 봐야겠어요~♥이쁜 소품만들기 화이팅!! **12월 25일** 정말 축하드립니다.저도 저희 엄마랑 사서 볼게요.그런데, 과연 저희 동네 서점에 있을지..꼭 있었으면 좋겠네요.꼭 두번째 책도 첫번째 책처럼 대박나시길 바랍니다.^^ **Hanam 4n2 Go aream** 두번째 작품, 꼭 보고 싶네요.해외로도 두번째 작품(책)이 진출했으면 좋겠네요.축하드려요 **간지** 1권을 샀는데 정말 좋더군요^^ 2권도 사야겠네요^^축하드려요~ **튼튼걸** 축하합니다!!! 앞으로도 좋은 정보 담긴 책 기대할게용!!! **President** 우와..많이 하셨네요~책 쓰시는 거 추하드립니다~^^ **하린블루** 책 출판하면 꼭 사서 만들어 볼께요~ 축하드려요~ ^^ **잉잉** 2번째 책 출간을 축하드립니다!짝짝짝~ **나니** 추카추카! 늘 발전하는 당신이 부럽습니다. ^^ **Lucky Ashley** 정말 강추하는 책입니다. 완전 쩡!! **수다쟁이** 완전 축하드려요^^꼭 실리지 않더라도 진심으로 축하축하 합니다 ^^ **by 사랑중** 우아~2번째 책을 쓰시네요^^축하드려요! 기대할게요~ **행복 그건 무엇** 이번에도 출판되면 꼭 볼께요 **레몬민트** 책 출판하시는 것 정말 축하드립니다.. **예소심사원** 꼭 살께요~^.^ **바느질하는 꼬꼬** 와우~책이 출판되는거에요??? 너무 추카드리구요..ㅋ기대할게요...^^ **세라** 출판 축하드립니다~ 앞으로도 더 좋은 책들 많이많이 출판하시길 바래요~ **열공은덩** 그 책 저도 사고 싶어요~ ^^ **으름** 아이와 함께 만들 수 있는 정말 실속 있는 책이 나오길 기대할께요! 화이팅!!! **꼬꼬마** 2권도 멋지게 완성하시길..... **나만의 귀걸이** 우오~~ 정말 축하드립니다~^^ 정말 부지런하시고 솜씨도 좋으신것 같아요!!! 앞으로도 더욱 예쁜 작품들 부탁드려요~ ^^ **키티** 출판축하드려요*^^* 좋은책 만드셨네요~화~~이~~팅 **아셋맘** 출판 축하 드려요~~책 꼭 사서 볼께요^^ **웃는호빵** 오오오~ 축하드립니다!! 드디어 2번째 책이네요^^사촌동생이 만드는걸 좋아하는데,,출판되면 같이 만들어봐야 겠어요.. **Ichu** 두번째 책이네요^^책 출판 축하드려요ㅋㅋㅋ **아암** 출판 축하드려요. 아이와 함께하는 즐거운 시간이 될 것 같아요. **냥냥공주** 우와~ 책 출판하신거 정말 축하드려요ㅎㅎ 저도 시간내서 한번 읽어보겠습니다 ㅎㅎ완전 축하드려용 ~~)_(**나의하루** 예쁜 소품을 아이들과 같이 만들면 정말 행복할것 같네요...기대 되는데요??축하해요~ **창문** 아이와 함께 만들수 있다니 정말 기대됩니다~책 출간도 축하드리고 책도 기대합니다~ **닉뚱** 예소책 가지고 싶음〉 **뽀모** 아이와 함께 한다는 것만으로도 행복한데~..출판축하드려요!!! **눈내위** 축하드려요:) 저도 양모펠트소품만들기 책을 목표로 삼고 열심히 할래요~ **초보입니다** 와아~ 추카추카!!!! 기대할께요!! **새침소녀** 2번째 책을 출판한다구요? 축하드려요^^1번째 출판한 책은 못 읽어보았지만 2번째 출판한 책은 읽어보고 싶네요..^^ **언제나 Smile** 축하드려요~ ^^ 그리고 꼭 사서 엄마랑 같이 만들거에요!! **Eryngium** 자주 도움을 받으면서 이제야 찾아오다니 죄송할 따름이에요 ㅠㅠ책씨스게 된거 정말 진심으로 축하드리고, 이번에 책 꼭 구입해서 보도록 하겠습니다. 언제나 행복하세요^0~~~♡ **Best Friend** 출판을 정말~축하드리면서 기대하겠습니다~~~ 제 덧글 실 어 갈 수 있 쬬?? ㅋㅋ **violetpyh** 책 만드는일이 보통이 아닌데 두번째 출판이네요. 정말정말 축하드려요.예소때문에 많이 도움되고 행복해요.공예를 사랑하는 모든이에게 큰 사랑 받으실거에요.화이팅입니다.^_^ **미나래** 오늘 가입했어요~먼저 출판 축하드려요^^1번째 책은 어떻게 하면 구할 수 있나요?? 꼭 갖고 싶은데....-_-;; **나야장양** 뚝딱 뚝딱 짠~!! 〈예쁜 소품 만들기〉 앞으로도 많은 발전 있기를...^^ **바핍** 축하드리고여..열심히 활동하겠습니다. ㅎ **낭랑소녀** 좋은책! 많이 팔리길 빌께요~ ^^축하드립니다.. ^^ **타코** 사서 보고 싶지만 돈이 없네요..구슬픈 중1신세..〈 아직까지 제대로 게시글 올린거라고는 1개밖에 없는데..앞으로는 열심히 활동해야겠어요. 파이팅! **루시** 2번째 출판 축하해요~ 정말 대단해요)~〈 **Sarah** 출판 축하드려요~^^ **BLACK캣츠** 와~!! 축하드려요 기대할께요~♥ **야옹마오** 와우~~ 축하드려요...첫번째 책 구입해서 잘 활용하고 있는데, 두번째 책도 기대하겠습니다~~~ **뽀** ㅊㅋ 기대많이할께여 **은이맘** 책 출간 축하드립니다~아이와 같이하면 정말 좋을것 같아요~기대만땅~ **고글** 출판 축하드리구요^^책 대박나시길 바래요~저두 돈 모아서 꼭!! 살게요~ **Alice** 출판 축하드려요~ ㅊㅋㅊㅋ 이번에도 사서 꼭!!볼께요~^^ **Apple** 2번째 책을 드디어 쓰시네여~ 축하해요~많은 기대하겠습니다~ **Myoin Tribe** 출판 축하드려요^^* **꿈나무** 너무 너무 축하드려요.아이와 함께 만드는 소품이라... 너무 너무 기대되는걸요~ 끝까지 힘내세요~ **꾸름천사** 와~ 축하드려요 한번 보고 싶네요 제 생활에 많은 도움이 된 이 카페 책 출판 축하드립니다~^^ **ㄷㄱㄱ는마음** 너무 축하드려욧~ 여기서 너무 자료 많이 얻어갑니다~ **지니마미** 아이들과 함께 할 수 있는 예쁜 소품 만들기.. 넘 기대되요.. *^^* 어서 좋은 책 나오기만 목빠지게 기다리고 있답니다.. 화이팅~! **여우맘** 정말로 예쁜 책이 다시금 나오는군요. 정말로 축하드려요. 짝짝짝 **히카리** 꼭 서점 가서 사서 볼께요~ **불새버거** 저 이런 책 보구 많이 만드는데, 출시되면 한권 사봐야겠어요~ **꽃돼지** 제가 이것 때문에 만들기를 마니 배웠어요 ㄱㅎ해요 ^^ **쓩기** 기대되요!! 나오면 저도 하나 사야겠어요~ **햄강** 빨리 나왔으면 좋겠어요 !! 기대.. **a27440** 출판 축하 드려요!!!기대하구 있을께용!! **형준마눌** 2번째 책 정말로 갖고싶네요

ㅎㅎ암튼 출판 축하드리고요^^ 나오면 꼭 살게요^^ **상꼬마** 우와~드디어출판인가요??벌써2권이라닝~ㅎㅎ축하축하~2권도 잘볼께요~^^ **hAyOunG** 출판 축하드려요 ~! 1번째 책도 잘 보고 있어요 기대하겠습니다 ^^ **Velvet** 벌써 2번째 출판이라니..축하드려요^^ 그리고 아이들과 함께 만드는 것이라니 음....아직 학생이지만 사서 보겠습니다. 동생한테 해 주면 좋아하겠죠^^ **Infinity8** 이 소박한 글이 책에 실릴 지는 모르겠지만 1권에 이어 2권까지! 출판하셨다니...정말 대단하고 축하드립니다^^ **다빈** 또 출판예정이라니 기쁘네요^^축하드리구요~~ 엄청 기대할게요^^예쁜소품만들기 화이팅^^ **Amethyst** 가입한지 얼마되지 않은 새내기에게 이런 영광이 주어져 기쁘네요.요번 출판책은 아이와 함께 하는 소품만들기라 더더욱 기대가 되네요.저희 아이와 함께 예쁜 소품 만들어 볼게요.고생하시겠지만, 많이 힘드시겠지만,멋진 책으로 저희에게 기쁨을 주세요.*^^* **하민** 두번째책 나오는거 정말 축하드려요!!꼭 사서보겠습니다!!!예소 화이팅! **서월향** 우와 축하드립니다! 저도 꼭 보고 싶네요 ^0^ **사포질** 와우~! 정말 축하드려요~~!! 너무 기대되는걸요~? **울음공주** 추카추카 짝짝짝~~!! 기대할께요~~ **링꼬** 옷! 출판하시는 거예요?와우~이번이 2번째라니~축하드려여 **사과나무** 책과 함께 예쁜소품 꼭 만들꺼에요~~대박나시길 바래요~ **여우별** 1권에서 잘 봤어요!2권 대박나라~압! **보솜** 출판 축하드려요^^ 대박터지세요~! ㅎㅎ **핑크엔젤** 출판 축하드립니다~ㅎㅎ **파인루** 두번째 출판이신가봐요?〉기대할께요^^ **천사의 날개** 두번째 책 편찬을 축하드려요~!!!)ㅂ〈 제가 카페 가입하고선 제에게 처음인 책 편찬!!! 기대 많이 됩니다... 축하드려요 **초코머핀** 예쁜소품만들기 책에 저의 덧글이 써진다는 게 영광입니다~ **개피리카** 출판 축하드려요 !! 출판되면 돈 모아서 살까봐요ㅋㅋ **기다려빅뱅아** 두번째 책 출판하시는 거 축하드립니다 !! 대박나시길 바랄께요 ♥ **쥰** 우와.. 출판이라니 대단하세요.. 2권도 1권만큼이나 대박나세요~!! **나우구름** 축하드려요.. 기대할께요~ ^^ **jmjpia** 너무 너무 축하드려요...^^ 정말 기대되네요.. ^^ 대박나시길 빌어요~ **마법소녀** 축카추카 **투현맘이랑께** 와 출판을 축카드려요 아직 저는 1권도 못봤는데 꼭 구해서 보고 싶구요 2번째 책은 아이들과 어떤 예쁜 소품을 만들지 기대되요 정말정말 축하드리구요 정말 기대하겠습니다.^^ **소피아** 두번째출판 축하 드려요 덧글 정말 올라가나요? 신귀종신다은신윤호사랑해♥라고 올리고싶어요 **짜잔** 두번째 출판 축하드리구요~ 이번에는 꼭!!!! 기어코 사서 보고야 말꺼예요 ㅜㅜ 전에는 엄마가 말려서 못샀거든요 !! 이번엔 시험도 잘보고 했으니 한 번 장만해야겠어요 **바람꽃** 와~~ 추카 추카 짝! 짝! 짝! 좋은 카페에 회원이된것을 스스로 자부심을 느낍니다 2번째 책 기대됩니다 대박을 위해~대박날겁니다. 화이팅 *^^* **79시영서연맘이시내** 완전 축하드려요~ 글구 울 시영 서연이 집도 행복하게 해주세요~ㅋㅋ **스토리** 첫번째 책 너무 자세히 설명해 놓으셔서 정말 좋았는데 이제 두번째 책이네요. 이번 책도 기대되네요. 정말 축하드려요 ! 꼭 사서 볼게요!! **스토리** 두번째 책을 출판하신다니!! 정말 축하드려요. 꼭 사서 볼게요^^ **스토리** 벌써 두번째 책을 내시다니 정말 축하드려요 첫번째 책도 너무 좋았는데 이번에도 좋은 책이겠죠? 기대할게요~! **X벨X** 내일이면 드디어 크리스마스네요~~ 행복하고 알찬 크리스마스 보내시고, 내년에도 건강하세요~ **헬로** 두번째 책 지를꺼에요 ㅎㅎ 대박나세요!!! **꼬마아찌** 왜!! 책 출판을 축하드려요!! **다중아라** 축하드려요! 앞으로도 좋은책 많이 만들어주세요ㅎㅎ **무은** 와! 책 한 번 내기도 쉽지않은데! 나오면 바로 질러서 봐야겠어요=ㅅ= **오렌지나무 김영란** 평소에 많은 도움을 받고 있는데 책까지 내신다니 넘 축하드려요~ 어떤 책이 출판될지 정말 기대됩니다.^^ **매니냥** 두번째 책 출판 축하드리구요~ 앞으로도 좋은 소품들 만들어주셔서 많은 분들께 만드는 재미를 선물에 주셨으면 좋겠네요^^ **나비은진** 출판 축하드려요! 고생하셨네요..넘 궁금하면서도 넘 기대되요^^ **ddong6325** 유치원교사라 이것 저것 아이디어 얻을 때 들러 많은 아이템을 얻어갑니다. 아이들과 함께 만들기를 출판하신다니 저에게도 엄청 기쁜 소식이네요^^ 기대 만땅입니다 당 ^^ **초딩나연** 축하드려요 꼭 사고 싶어요~ **행복미소** 출판 진심으로 축하드려요 항상 유용한 정보 너무너무 좋아요 앞으로도 쭈욱~~대성하세요! **광고** 축하드려요~ 저도 하나 사야겠어요 **러블리쉬** 예쁜소품만들기를 하며 넘 즐거웠는데~ 또 발간 하신다니 넘좋네요~ 두번째 책 두 대박나시길~ 모든 사람들이 행복해졌으면 좋겠네요~ 화이팅!! **달콤** 축하합니다!^^ 보다 더 나은 책으로 회원들의 마음을 사로잡았으면 합니다~. 줄줄이 대박나세요. **하트걸** 저는 어제 가입을 했어요 잘 부탁드립니다 님들의 덧글을 보니깐 1권을 쓰신 것 같으신데요 2권 축하드립니다 **요은** 책이 나온것 축하하고요, 아직 책 빨리 보고 싶네요 **jeeae1119** 와 ~ 축하드려요 ! 벌써 두번씩이나 책도 내시고 정말 멋있으세요 ~ 이번에도 꼭 구입할거에요 좋은거 많이많이 담아주세요 ♡ **Selah** 와 축하합니다! ^^ 두번째 책도 기대되는데요^^ **캔디양** 저 이 책 꼭 살꺼에요 정말 축하드려요~ **코코루** 출판 축하드려요!)〈기대되요!ㅎㅎ **파스텔 레몬** 두번째 출판 축하드립니다. 언제나 예쁘고 알찬 예소가 되길.... **솜사탕** 출판 축하드리고요. 이거 꼭 사서 엄마랑 같이 만들겠습니다. **Eswit** 이얏!! 우리 조카랑 꼭 도전해야겠어요~ 너무너무 축하드려요~!! 3권 4권도 계속계속 나오길 기대할게요~ **꼬야** 아이와 함께 만드는 소품이란 제목이 너무 따뜻해보여요.이책으로 엄마와 아이들이 더욱더 행복해졌으면 좋겠습니다.축하드려요.대박기원 화이팅!! 아자아자!! **뽀인뜨** 으헤이헤헤 이번 책도 꼭 사야겠어요~기대되네요 ㅎㅎ **나리럽** 와우!!책 출판을 축하드립니다^^ 기대 백만점입니다^^ **힝츠** 추카추카드려요 ^^ **딸기쭈** 와~! 첫번째는 못봤는데..두번째는 꼭 보고싶어요.축하드려요~ 기대 만땅!! **구슬반짝** 오홋... 축하 합니다.!! **ROY** 와우~ 2번째 책 쓰시네요~ 1권 잘 보고 있어여^^ 축하드려요~!! 기대할께요~~)ㅁ〈 **초코초코** 축하드립니당^0^

Http://cafe.naver.com/geahwa73.cafe